Karl Franz Otto Dziatzko

Was wissen wir von dem Leben und der Person Joh. Gutenbergs

Karl Franz Otto Dziatzko

Was wissen wir von dem Leben und der Person Joh. Gutenbergs

ISBN/EAN: 9783743618596

Hergestellt in Europa, USA, Kanada, Australien, Japan

Cover: Foto ©ninafisch / pixelio.de

Manufactured and distributed by brebook publishing software
(www.brebook.com)

Karl Franz Otto Dziatzko

Was wissen wir von dem Leben und der Person Joh. Gutenbergs

BEITRÄGE

ZUR

THEORIE UND PRAXIS

DES

BUCH- UND BIBLIOTHEKSWESENS

HERAUSGEGEBEN

VON

KARL DZIATZKO.

II.

MIT 6 TYPENFACSIMILE UND 1 TAFEL.

LEIPZIG.
VERLAG VON M. SPIRGATIS.
1895.

Vorrede.

Dem vor reichlich einem Jahre erschienenen ersten Bande dieser Beiträge lasse ich hier einen zweiten folgen mit dem Wunsche, dass die in ihm enthaltenen Aufsätze, wie sie zumeist aus der Berufsarbeit von Fachgenossen hervorgegangen sind, so auch dazu dienen mögen, einerseits auf die bibliothekarische Thätigkeit anregend einzuwirken, andrerseits den allgemeinen Wissenschaftsfächern einigen Gewinn zuzuführen. Gerade bei einer so hervorragend praktischen Beschäftigung wie der bibliothekarischen, kommt es darauf an, nicht nur in Nebenstunden sich wissenschaftlichen Arbeiten zu widmen, die mit dem Beruf mehr oder weniger lose zusammenhängen, sondern auf Grundlage der besonderen wissenschaftlichen Vorbildung die berufliche und wissenschaftliche Arbeit in einheitlicher Weise so zu gestalten, dass jede die andere befruchtet und belebt.

Bei dieser Gelegenheit sei es gestattet, auf zwei Punkte kurz einzugehen, in denen der „S—n"-Recensent des Literarischen Centralblatts 1894 N. 42 (Sp. 1544 f.) zu den beiden Aufsätzen des Unterzeichneten im ersten Bande der Beiträge einen abweichenden Standpunkt vertritt. Mit meinem Vorschlage, (a. O. S. 122. 128), dass in Deutschland ähnlich wie an den italienischen Bibliotheken Subaltern- und Unterbeamte (einer höheren Klasse) in grösserer Zahl Anstellung an Bibliotheken finden möchten, vermag er sich nicht zu befreunden und macht besonders dagegen geltend, dass „die Einschiebung gerade einer solchen subalternen Klasse nicht dazu beitragen würde die Achtung vor dem bibliothekarischen Beruf zu heben." Ich glaube im Gegenteil und darf mich dafür auf die Analogie bekannter anderer Verwaltungsbehörden oder Institute des Staates berufen, dass die Entlastung der mit voller wissenschaftlicher Vorbildung versehenen Beamten von subalterner

Arbeit die Stellung dieser naturgemäss hebt, nicht herabdrückt.
Dass aber unter den Geschäften und Arbeiten einer Bibliotheks-
verwaltung nicht wenige und recht umfangreiche sind, welche
von einem gewandten Unter- oder Subalternbeamten mindestens
ebenso gut und jedenfalls angemessener und billiger erledigt
werden, als von wissenschaftlichen Beamten, lässt manche
Bibliotheksvorsteher wohl nur die Gewöhnung an das Alte übersehen oder die Sorge vor einer Verminderung der Zahl wissenschaftlicher Beamte. — Auch darin kann ich dem Recensenten
nicht Recht geben, dass mein Tadel gegen Burger's Register-
band zu Hain's Repertorium (a. O. S. 16 ff.) in der Hauptsache
gegenstandslos sei, weil Burger die nöthigen Verbesserungen
und Nachträge zu Hain einem eigenen Supplementbande vorbehalten hat." Man wird eben künftig, selbst wenn jenes Vor-
haben in bester Weise zur Ausführung kommt, meist beide
Bände zugleich nachschlagen müssen, und dass darin ein Grund
zur Missbilligung liege, ist doch keine zu kühne Behauptung.

Auf die missgestimmte Besprechung des 5. Heftes dieser
Sammlung (K. Dziatzko, Entwickelung und gegenwärtiger
Stand der wiss. Bibliotheken Deutschlands ..., 1893) durch denselben „S—n"-Recensenten im Liter. Centr. 1894 N. 10 Sp. 327 f.
näher einzugehen, halte ich für nutzlos. „Wo ich nicht bloss
referire, sondern kritisch zu Werke gehe, erheben sich [nach
ihm] gegen meine Ausführungen Bedenken." Diese ihm zu
zerstreuen kann ich nicht hoffen, sie mir zu eigen zu machen,
vermag ich ebensowenig. Doch einige Einzelheiten glaube ich
anführen zu dürfen. Dass ich „die Vorzüge des Göttinger
alphabetischen Blattkataloges im Punkte der Uebersichtlichkeit
und bequemeren Benutzbarkeit jedenfalls unterschätze", ist nicht
richtig. da a O. S. 15 zu lesen steht: „Auf diese Weise vereinigt
er (der gen. Katalog) die Vortheile des leichten Einschaltens und
der Handlichkeit [!] ...." In Bezug auf die von mir (S. 52) bezeichneten Punkte, die für unsere deutschen Bibliotheken noch
teilweise anzustreben seien, meint er, dass sie „theils bereits
erfüllt sind, theils ohne Vermehrung des Personals nicht durch-
zuführen sein werden, theils von zweifelhaftem Werthe erscheinen." Ich leugne durchaus, dass auch nur eine einzige
der von mir aufgestellten Forderungen an den deutschen

Bibliotheken — natürlich in ihrer Gesammtheit oder doch Mehr-
heit — bereits erfüllt ist; ferner kann die Notwendigkeit einer
Vermehrung des Personals doch nicht eine Forderung minder
„wünschenswerth“ (so S. 52) erscheinen lassen; der Vorwurf
aber des zweifelhaften Wertes gehört zu jenen allgemeinen
Urteilen, die ich auf sich beruhen lasse. Andrerseits macht
S.-n mit Recht mir gegenüber (S. 25 und 28) darauf aufmerksam, dass man lange vor Würzburg gerade in Leipzig (1833)
damit angefangen hatte, einen bibliothekarischen Fachmann
(E. G. Gersdorf) statt eines Universitätsprofessors an die Spitze
der Bibliothek zu stellen. Auch durfte S. 41 f. und in der bei-
gegebenen Tabelle eine Erwähnung der Kataloge der Königsberger
Handschriften von Em. Steffenhagen, so weit er erschienen
ist (1861, 67/72) nicht fehlen. Dagegen konnte ich nicht wissen,
„dass die Rückwärtsergänzung der Berliner Jahresverzeichnisse
der deutschen Universitätsschriften auch in Kiel [und in Marburg, wie ich nachträglich vernahm] in Angriff genommen ist“;
den Druck von Zugangsverzeichnissen an der Stadtbibliothek
zu Köln, die nach S.-n der Vergangenheit angehören, hatte
ich nach Schwenke's damals eben fertigem Adressbuch (1893)
berichtet (S. 40). Und die beiden letzten Punkte bringt S—n
nicht etwa einfach als Berichtigung vor, sondern will damit
sein Urteil belegen, „dass in grundsätzlichen Punkten Manches
schärfer und bestimmter hätte hervorgehoben werden können.“
Gern lasse ich hier noch einige weitere Ergänzungen und
Berichtigungen meines Schriftchens folgen, auf die ich zum Teil
durch Privatschreiben von Kollegen aufmerksam gemacht worden
bin. Vor allem bedauere ich auf S. 52 nicht auch die Berliner
Universitätsbibliothek als eine deutsche Büchersammlung
genannt zu haben, welche in Bezug auf Oeffnungszeit allen
billigen Ansprüchen durchaus genügt. S. 16 Z. 15 ist Berlin
[Kön. Bibl.] unter den Bibliotheken mit dem Göttinger Signirungs-
system zu streichen, S. 31 Z. 8 v. u. des Baues der Berliner
Universitätsbibliothek von 1871/73 zu gedenken, S. 44 f. unter
den nicht zahlreichen Stadtbibliotheken Deutschlands, welche
den besonderen Aufgaben solcher Institute verständnissvoll und
eifrig gerecht zu werden suchen, auch die von Mainz hervorzuheben. — Die in Tabellenform angehängte Uebersicht über die an

allen grösseren Bibliotheken Deutschlands im Gebrauch oder in
Arbeit befindlichen Kataloge, für welche das mir damals zu-
gängliche Material nicht ganz ausreichte, hoffe ich einmal
auf Grund directer Rundfragen durch eine neue Tabelle zu
ersetzen.

Göttingen, im Februar 1895.

K. Dziatzko.

Inhaltsübersicht.

Niederländische Volksbücher.

Die Göttinger Bibliothek besitzt eine Reihe von niederländischen Volksbüchern, die teils nicht in den nachverzeichneten Ausgaben (Nr. 1—6), teils überhaupt nicht bekannt sind (Nr. 7—10). Die meisten von ihnen stammen aus gemeinsamer Quelle. 1796 wurde ein Fascikel niederländischer Drucke aus der Süllow'schen Auktion in Hameln gekauft; es waren der Kalenberger (vgl. Heft 6 dieser Sammlung S. 64 f.), der Druck des Eulenspiegels von 1580, den Lappenberg in seiner Ausgabe beschrieben hat, das Gedicht Cornelis Cruls van Heynken de Luyere, endlich die unten als Nr. 3, 4, 6, 7, 9, 10 aufgeführten Volksbücher.

———

1. Die sieben weisen Meister.

Die älteste bekannte Ausgabe der niederländischen Übersetzung der weisen Meister ist von 1480 datirt;[1]) als Übersetzungsjahr ist 1479 angegeben. Die Göttinger Bibliothek besitzt nun einen noch älteren Druck, der aus dem Übersetzungsjahr selbst stammt, also wohl die *editio princeps* sein dürfte.

Blatt 1 fehlt im Göttinger Exemplar, Bl. a 2 beginnt:

(H)Jer beghint die hiftozie van die feuë wij ' fe mannen van romen. Welcke hiftozie ' bouen maten fchoen ende ghenuech-

———

[1]) Zuerst beschrieben bei E. H. J. du Puy de Montbrun, Recherches bibliographiques (Leide 1836) S. 8.

1

lijc is om || *hoṭen. en oec vṛeemt en luttel ghehoert want* | *ſi is
nv nyewelinck in dit teghenwoerdighe   iaer van lxxiṛ. ghetranſ-
lateert ende ouer ghe-* | *set wt den latine in goeden dietsche
op dattet* | *die leke luden oec moghen verstaen* |. *(T)E romē . . .*
Schluss Bl. m 6*b:*

Hier eyndet die hyſtoṛie der ſeuen wijſe || *van romen
Jheſus ende maria laten ons* |. *allen bi haer comen Amen* || *Dit
boec is volmaect ende ghepṛent ter* || *goude in hollant. bi mi
gheraert leeu Den xxv* |. *dach in iulio Jnt iar ons herē M. cccc.
en lxxix* || (Druckerzeichen.)

Die Ausgabe umfasst 96 nicht paginirte Bll. in 4⁰ in Lagen
von je 8 Bl. (sign. a bis m). In dem Göttinger Exemplar
fehlen 9 Bll.: a 1 und 8, h 1 und 8, m 1, 2, 7, 8; a 1 war
vielleicht ein Holzschnitt und m 7 und 8 sind wahrscheinlich
leer gewesen. Das Papier hat als Wasserzeichen ein Einhorn.
Gothische Schrift; 27 Z. in éiner Columne auf jeder Seite; am
Anfang der Abschnitte Raum für Initialen.

2. Mandeville.

Die wonderlijcke Reyse van | *Jan Mandcuijl* || *Beschrij-
uende eerst die Reyse eñ ghesteltenissen vanden heylighen Lande*
. . . (Holzschnitt). ¶ *Ghedṛuckt Thantwerpen, by Jan van
Ghelen.*

Bogen A—P in 4⁰. Titel roth und schwarz gedruckt, die
Worte *'Jan Mandeuijl'* in Holzschnitt. Zweispaltiger Druck
(ohne Holzschnitte). Am Schluss die Druckerlaubnis vom 31.
Oct. 1550, dann: *Gheprint Thantwerpē, op die Lombaerde
Veeste, inden witten Hasewint, bi mi Jan van Ghelen. Boeck-
drucker der Coninclijcker Maiesteyt. Anno M. D. LXXXVI.*
Auf der letzten Seite das Druckerzeichen.

Der älteste bekannte Druck ist um 1470 erschienen; vgl.
J. te Winkel, Gesch. d. nederl. letterk. I (1887) S. 568. Andere
Drucke verzeichnet R. Röhricht, Bibliotheca geogr. Palaestinae
(1890) S. 84. Die Göttinger Bibliothek besitzt auch eine Hs.
des 15. Jh. von diesem Werke (cod. hist. 823ᵇ).

3. Jean de Paris.

En schoone || *Histoiie van Jan van Parijs* || *Coninck van Vianckrijck* . . . Holzschnitt. *T'Hantvverpen, By Pauwels Stroobant / inde Cammerstrate /* ¹ *inden witten Hasewint. Anno 1612.*

Bogen A—G in 4⁰. Zweispaltiger Druck. Die beiden ersten Worte des Titels sind in Holz geschnitten. Das Titelbild kehrt auf Bl. Aij wieder, sonst sind keine Bilder vorhanden. Am Schluss Censurnotiz vom 10. April 1586.

---

4. Huon de Bourdeaux.

¶ *Van Huyghe van* || *Bourdeus / een schoone en noyt wonderlijc-* || *ker Histoiie / noyt ongehooider dinghen ende auon-* || *tueren dan die by Huyghen vooischie-* || *uen gheschiet ende gheual-* || *len sijn.* || Holzschnitt.

¶ *Gheptint Thantwerpen / op die Lombaerde Veste in-* || *den witten Hasewint / by my Jan van Ghelen.* ' *Anno M. CCCCC. L XXX IIII.*

Bogen A—O in 4⁰. Titel schwarz und rot gedruckt. Mit Holzschnitten. Die Censurnotiz auf Bl. O 4 a ist vom letzten October 1550 datirt. Auf der letzten Seite das Druckerzeichen von Jan van Gheelen ¹).

Von diesem Volksbuche sind bislang nur 2 Ausgaben in je einem Exemplar bekannt geworden; die eine aus dem Anfange des 16. Jh. '*Antwerpen by W. Vorstermann*' o. J. ist vollständig abgedruckt als Band 55 der Bibliothek des Lit. Vereins in Stuttgart (1860), die andere ist Amsterdam 1644 erschienen (vgl. Jonckbloet, Gesch. d. middelnederl. dichtkunst III 1855 S. 589). Die Angabe '*Huon de Bordeaux. (Gouda,*

---

¹) Ein anderes, als das bei Frans Olthoff, de boekdrukkers in Antwerpen (1891) S. 37 abgebildete.

1*

Govert van Ghemen c. 1490)' bei Campbell. Annales N. 1011
und danach bei Louis D. Petit, Bibliographie der middelnederl.
taal- en letterkunde (1888) S. 55 n. 441a (vgl. auch G. Kalff,
Gesch. d. nederl. letterk. I (1889) S. 364 Anm.) mit Berufung
auf J. W. Holtrop, Mon. typogr. 79 (126) a 1. 2 beruht auf
einer Verwechselung mit den Haimonskindern.

———

5. Melusine.

*Een Schoone ende wonderlijcke Hi-   stoiie / diemen vooi
warachtich houdt / ende autentijck / spiekende van eender
Viouwen gheheeten Melusine. . . . Van nieus ouersien ende
ghecoirigeert / ende met schoone Figuren verciert. Holzschnitt
T'Antvverpen,   By Hieronymus Verdussen / op onser Lieuer
Vrouwen Kerckhof inde X. Gheboden. Anno 1602.*

10 Lagen (A—K) zu 8 Blättern, 4º; zweispaltiger Druck.
Das Titelblatt ist schwarz und rot gedruckt. Die Bilder sind
zum Theil älter als diese Ausgabe. Am Schluss steht eine
Censurnotiz.

Die älteste bekannte Ausgabe ist von 1491 datirt. 1621
wurde das Werk von dem Bischof von Antwerpen verboten.

———

6. Les evangiles des quenouilles.

*Die Euangelien || Vanden spinrock wilt aenschouwen. ||
Metter Glose beschteuen seer excellent || Ghecoirigeert by veel
gheleerde Viouwen || Den Mannen tot een constich en groot
piesent. || Holzschnitt.*

6 Bogen (A—F) in 4º. Das Titelblatt ist von einer Rand-
leiste umrahmt. Der Titelholzschnitt kehrt noch 6 mal im
Texte beim Anfange von Abschnitten wieder. Bl. Fij b ' . .

Pater noster vander vrouwen. Am Schluss Bl. F 4 a: *Tot Rotterdam / by Jan van Ghelen.*

Die Ausgabe stammt aus dem Ende des 16. Jahrh.[1]). 1570 wurde das Werk im Index librorum prohibitorum verboten. Es ist eine Übersetzung der französischen *'Evangiles des Quenouilles'*[2]). Die englische Übersetzung stammt nicht aus dem niederländischen Texte, sondern direkt aus dem französischen[3]). Auch eine deutsche Übersetzung, die den Anstoss gegeben hat zu den Rockenphilosophien von Joh. Praetorius und Joh. G. Schmidt, ist im 16. Jh. mehrfach gedruckt worden.[4])

7. Richard sans peur.

Een schone ende wonderlijcke Historie van | Rijckaert sonder Vreese / || sone van Robrecht de Duyvel / Hertoghe van Nor- mandien / die door syne kloecke daden ende voorsichticheyt || Koninc van Enghelandt wert. Zeer ghenuech- || lijcken ende zeltsuem om lesen. Van nieus wt de Fransoysche in Nederlandtsche tale overgheset. || Holzschnitt. Tot Antwerpen, || By Hieronimus Verdussen. Anno 1619.

Bogen A—C in 4°. Die ersten beiden Worte des Titels sind in Holz geschnitten. Zweispaltiger Druck. In den Text sind 7 Holzschnitte eingeschaltet

Eine niederländische Übersetzung dieses Volksbuches war bisher nicht bekannt. In dem Censuredikt des Bischofs von Antwerpen vom Jahre 1621[5]) wird verboten *'Robrecht den duyvel. Richard sans peur'*. Aus dem Umstande, dass der Titel hier französisch erscheint, hat man geschlossen, dass das

[1]) Andere Ausgaben bei Kalff a. O. I 394 II 152.
[2]) Wiedergedruckt Paris 1855 (Bibliothèque Elzevirienne).
[3]) Proben des englischen Textes *(The Gospelles of Dystaues .. London .. by Wynkyn de Worde)* bei Dibdin, Typogr. Antiquities II (1812) S. 332.
[4]) Vgl. R. Hildebrand und R. Köhler in Gosche's Archiv f. Litt.-Gesch. I (1870) S. 105.
[5]) Mone, Übersicht der niederl. Volkslitteratur (1838) S. 16 f.

Buch in den Niederlanden nur in französischer Sprache verbreitet gewesen sei, und dass eine niederländische Übersetzung
nicht existire.[1] Da die vorliegende Ausgabe, die sich als
„neu übersetzt" auf dem Titel bezeichnet, kurze Zeit vor jenem
Edikt erschienen ist, so wird sich das Verbot wohl hauptsächlich
auf sie beziehen.

8. Bruder Rausch.

Die Sage vom Bruder Rausch ist dänischen Ursprungs,
eine ältere Aufzeichnung aus Dänemark ist indessen bis jetzt
nicht bekannt geworden. Die älteste Bearbeitung, die wir
kennen, ist das niederdeutsche Gedicht, welches über den Ort
der Sage keinerlei Andeutungen giebt. Aus diesem Gedichte
stammt das hochdeutsche Gedicht, das als Ort der Handlung
das Kloster Esrom auf Seeland nennt, und eine niederländische
Bearbeitung in Prosa, die den Schauplatz nach 'Sassen' verlegt.
Auf dem hochdeutschen Gedichte beruht das dänische Gedicht,
das als Ort Sachsen angiebt, und auf der niederländischen
Prosa die englische, in der das Kloster allgemein 'beyond the
sea' liegt. Ausserdem ist noch eine schwedische Übersetzung
in Versen vom Jahre 1645 nur durch ein Citat bekannt.

Dass die dänische Bearbeitung[2] aus dem hochdeutschen
Gedichte und nicht aus dem niederdeutschen stammt, beweist
Herford.[3] Ich füge hinzu, dass sie nicht aus dem ältesten
bekannten hochdeutschen Drucke (Strassburg 1515) stammen
kann; denn in diesem steht, wie im niederd., der Bericht des
Teufels Taubennöst, während derselbe in der dänischen Ausgabe, wie in zwei spätern hochd. Drucken (Nürnberg, Fr. Gut-
knecht o. J.; Nürnberg, Val. Neuber o. J.) ausgelassen ist.[4]

---

[1] Mone a. O. S. 62; Schotel, vaderl. volksboeken II (1874) 110.

[2] C. Bruun's Abdruck der Ausgabe von 1555 'Broder Russes Historie'
(Kopenh. 1868) war mir nicht zugänglich.

[3] Herford, Studies in the literary relations of England and Germany in
the 16th century (1886) S. 300.

[4] Auf diese Übereinstimmung wird schon in Wolf und Endlicher's Ausgabe 'von Bruoder Rauschen' aufmerksam gemacht; vgl. S. 1073 und 1080 des
Abdrucks dieser Ausgabe in Scheible's Kloster Bd. XI.

Dass Bruder Rausch auch ins Niederländische übersetzt worden ist, wusste man bisher nur aus dem von Philipp II erlassenen Index librorum prohibitorum Antv. 1570; dort wird verboten '*De Historie van Broer Ruysche, by Claes vanden Walle. Sine nomine auctoris et priuilegio*'.[1]) Weder diese ältere Ausgabe ist bis jetzt bekannt geworden noch ein späterer Abdruck.[2]) Von einem solchen besitzt die Göttinger Bibliothek ein Exemplar. Es hat folgenden Titel:

Een Schoon ‖ Historie van bioeder Ruyssche ‖ Die een Koc was in een Klooster / ende een Duy· ‖ vel die hem in menschelijcker ghedaente verschapen hadde: ‖ seer ghenoechelyc om lesen. ‖ Holzschnitt. Thantvverpen. ‖ By Jan van Ghelen / opde Lombaerde veste inden witten Hasewint. Anno 1596.

Die beiden ersten Worte des Titels sind in Holz geschnitten, die Zeilen abwechselnd rot und schwarz gedruckt; die Jahreszahl ist gleichfalls rot und auf dem Holzschnitt sind besonders die Gesichter mit roter Farbe bedruckt (der Titelholzschnitt kehrt auf Bl. Aiiij wieder). Am Schluss des Drucks steht das Druckerzeichen des Jan van Gheelen. Es sind im ganzen 3 Bogen (A—C) in 4º; in den Text sind 6 Holzschnitte eingeschaltet, die älter sind als dieser Druck und jedenfalls aus der Mitte des Jahrh. stammen.

Auf der Rückseite des Titels stehen zunächst 12 Verse '*Mensche bekent dat ghy zijt vander eerden . .*', dann ein prosaischer '*Prologhe*': '*Sinte Peeter de Heylighe Apostel beschrijft: De Duyvel is ghelyc eenen Leeu al om gaende . .*', dann noch 19 einleitende Verse. Der eigentliche Text beginnt auf Bl. Aij:[3])

Hoe de Duyvel hem verschiep in Menschelijcker forme, ende in een Klooster quam dienen.

In voorleden tyden, zoo ons de oude Gesten verclaren, soo was in Sassen een monic klooster aen eenen cant van een Bosch, om Gode te dienen ende te bidden voor de ghene, diet Klooster gesticht hadden, ende voor alle gheloovighe sielen; ende om hun van sonden te bewaren ende hun regulen

---

[1]) Vgl. Ch. Sepp, Verboden lectuur (Leiden 1889) S. 235; dort ist dieser Index wieder abgedruckt und mit Erläuterungen versehen.

[2]) Vgl. Kalff a. O. II S. 156.

[3]) Abkürzungen sind aufgelöst und die Interpunction ist zuweilen geändert.

tonderhouden ende te volgen, so was dat Klooster seer ryckelijcken beghift
vanden Fondatoors, also dat sy naemals door de groote Rycdommen weeldich
ende broodtdroncken werden, also wel dat den Abt als alle de Monicken, dat
sy nauwelijcx en wisten van weelden, wat sy doen wilden, verghetende
gheheel ende al hen regulen, ende leefden alle na den vleessche ende na hun
eyghen wille, altoos wel etende ende drinckende, sonder minne tot malcander te
hebben, Vrouwen hantorende, qualyc levende, tgoet vanden ghecruysten Jesu
qualyc ombrenghende, sonder Gods vreese gheheel zynde. Aldus leefden sy
zonder Regule als beesten, die sonder verstant zyn.   Dit aenmerckende
sommighe Princen der Duyvelen (wiens wercken daer mede int Klooster reg-
neerden), als Belphegor, Prince der gulsicheyt, ende Asmodeus, de Prince der
oncuyscheyt, ende Bolzebub, Prince der Nydicheyt etc, ende meer andere, die
al verblyt waren, maecten sy onder hen alle eenen Ruwaert, eenen Duyvel,
dien sy stelden in dat Klooster, om de Monicken te onderbouden in hun sondigh
leven. Dese Duyvel heeft aengenomen een Menschelijcke forme oft gedaente,
ende hy quam met hem woonen int Klooster, om de Broeders meerder oorsaecke
te gheven tot een sondigh leven. Als hy dus wt ghesonden was van de
Princen der Duyvelen, soo is hy komen staende voor de Poorte des Kloosters,
in de gedaente van een schamel Knechtken, seer deerlyc siende. De Abt quam
by avontueren voor de Poorte gaende, ende sach desen knecht daer staende,
ende sprac hem to ende seyde: Wat staet ghy hier en siet? De Jonghe
knecht antwoordde schamelijcken ende seyde: Heere, ic ben een schamel
knechtken, die v gheerne soude dienen in dit Klooster, ende ic sal v al onder-
danich zyn ende alle saken wel heymelijc bouden, datmen my bevelen sal.
Doen seyde de Abt: gaet hier binnen, ende segt den Koc, dat ic v daer ghesonden hebbe, dat hy u wyse ende leere, ende dat ghy hem in de keucken
helpen sult. Doen was de Duyvel blyde, ende hy ginc (Bl. Aij b) binnen ende
gruetede synen Meester seer vriendelijcken, alsoo hy wel konde: want hy alder
listen ende Practijcken vol was.   Ende de Duyvel zeyde al lachende in hem
selven:

> Ach, ach, hoe ben ic verblijt, content,
> Dat ic dus ghekomen ben in dit Convent
> Met deser practijcken!
> De Broeders ende die boose Regent
> Sullen my nu by zyn altijt present;
> Dus salt noch blycken,
> Wat goet, wat deucht ende wat ghelijcken
> Ic hen noch doen sal met swaer versycken,
> Soo ic ende myn ghesellen pleghen:
> Ic sal op myn luymen ligghen en practiseren,
> Diewil onrustelijc sullen sy slapen by myn manieren,
> Door myn bekeeren;
> Ic salse noch alsoo bestieren,
> Dat sy in zonden sullen versieren,
> Ende hen qualyc regieren,

> Doort sondich berueren,
> Door Gulsicheyt, Nydicheyt tot allen uren
> Ende ooc met oncuijssche lueren,
> Daer sy hun sielen me sullen besmetten,
> Maer niemant en zal op zyn siele letten.

Als desen Duyvel een wijle tijts in de Keucken gedient hadde, soo quam de Abt op een tijt in de keucken ende zeyde: Lieve knecht, van waer zydy ende hoe is uwen name? Hy antwoorde: Ic ben wt verre Landen, ende ic heete Ruysche. De Abt zeyde: Lieve Ruysche, en kondy geen coppelen draeyen? Ruyssche zeyde: Ja Heere, wat coppelen meyndy? daermen de Honden aen leyt, die en can ic niet draeyen, maer ic can wel een vergaderinghe van Menschen maecken, ende v zoude ic wel aen een schoon Vrouken helpen ende daer af de bootschap doen; Ooc can ic wel secreet inde saecken zijn.

Hola, zeyde de Abt, soo zuldy mijn wtverkoren knecht zyn; doet neerstelijc v dingen, op dat gy t'avont vroech gedaen hebt, want naest inde Dorp woont een schoon Vrouken: segt haer, dat ic v daer gesonden hebbe, ende datse met v kome. Doen zeyde Ruyssche: wel Heere, dat sal ic tavont wel besorgen. (Bl. Aiij) Doen scheydde Ruyssche vanden Abt ende ginc synen Meester neerstelijc helpen schotelen ende Potten wasschen. als Ruyssche alle syn dingen gedaen hadde, soo is hy naden eten tsavonts spade gegaen inden Dorpe, daer hy het Vrouken vant, ende sprac haer aen met minnelycke woorden, segghende aldus:

> Weest gegroet suyverder Kersouwen,[1]
> Ghy zijt soo schoon, so minlijc int aenschouwen!
> dus moet ghy bemint zijn van onsen Prelate, Dus wilt v benouwen,
> Met my te gaen op goeder trouwen;
> Ghy sult ongheschent zyn,
> U soete manieren hem bekent zyn:
> dus moet gy tavont hem ontrent zyn.
>
> Want v wancxkens root,   v borstkens bloot   om genaken
> geven hem den stoot,   door liefden den doot   te smaken.
>   Het Vrouken.
>
> T'waer jammer, soude hy door mijn Minne sterven;
> Ic souden noch liever in mijn armkens erven.
> Om der natueren Bloemkens te lesen,
> Om syn ghesontheyt ooc te verwerven
> Sal hy zyn beliefte hebben sonder derven.
> Hy is soo milt, zoo vrolyc in desen:
> Kan ic, mach ic, hy sal ghenesen
> Voor hem niet sparen, lijff noch leden;
> Nu gaen wy gheras onder ons beden.

Dus bracht Ruyssche t'Vrouken tot synen Heere, die haer seer minnelijc ontfinc, ende Ruyssche scheydde haestelijc van daer seggende: daer en sal

---

[1] Hier sind die Verszeilen (bis 'smaken') in dem Drucke nicht abgesetzt.

geen Moort geschieden, dus en derf ic niet tusschen beyden gaen. Daer ginc de Abt haer seestelyc tracteren, schenckende haer den Wijn overvloedelyc met een Bancketken, alsoo dat sy ten lesten te bedde zijn gegaen, daer sy den nacht over brochten met jolijt. Des morgens, alst Ruyssche tijt dochte te zijn, so bracht hy de Vrouwe wederomme te huys, daer sy woonde. Dit vernamen de ander Monnicken, dat Ruyssche so Notabel ende secreet was, ende sy waren blijde, ende elc peijsde omt sijne, want hij bestelde elc een schoon Vrouwe naer synen wille, diet aen Ruyssche begeerde, so dat alle de monicken Ruyssche seer lief kregen, niet wetende, dat hy een Geest ende een Duyvel was.

Dieser Text, 3 Seiten des Drucks, giebt 67 Verse des niederdeutschen Gedichtes wieder, ist also sehr erweitert.

Dass der niederländischen Ausgabe der niederdeutsche und nicht der hochdeutsche Text zu Grunde liegt, ergiebt sich aus vielen Einzelheiten. Ich führe einige Stellen zum Vergleiche an:

Niederdeutsch[1]) V. 71 ff:

unde vragede, war he so lange gewest were.
Rusche sprak 'du bist ein bove grot,
dat hebbe ik lange van di gehort.

Niederländisch Bl. Aiij*b*: *vragende, waer hy soo lange geweest hadde. Doen seyde Ruyssche: gy zijt een Boeve ende een schalc, dat hebbe ic lange wel geweten ende gehoort.*

Hochdeutsch[2]) V. 115 ff dagegen:

er sprach 'was hast so lang gethon,
dasz die schüszeln ungewaschen ston?' . . . .
er sprach 'du schalkhaftiger man,
was hilft dich dann dein übermut?
darumb wirf ich dich in die glut'.

Im niederdtsch. und niederld. zeigt sich grosse Übereinstimmung im Wortlaut, während das hochd. stark abweicht. In dem folgenden Beispiele ist sogar ein Reim aus dem niederd. Gedichte stehen geblieben:

Niederdtsch. V. 214 ff:

ein broder den anderen vermordet hat.
it geschach gisteren morgen vro:

―――――――

[1]) Ausgabe von O. Schade: Weimar. Jahrbuch f. deutsche Sprache . . V (1856) S. 385 ff.
[2]) Ebenda S. 400 ff.

dar halp ik ser troweliken to,
Lucifer sprak 'dat is wol gedan,
groet loen schalstu dar vor ontfaen'.

Niederld. Bl. Bb:

dat d'een broeder den anderen vermoorde. De meester seyde:
dats wel ge d a e n, grootelyc suldy uwen loon ontfaen.

Hochdtsch. V. 292 ff dagegen:

ein bruder dem andern nam das leben,
das geschach am andern tage fru:
da half ich auch gar fleiszig zu.
er sprach 'du hast gar wol gethon:
du solt empfahen grossen lon'.

Endlich noch eine Stelle aus dem Schluss des Werkes:

Niederdtsch. V. 415 ff:

de abbe to eme sprak 'hir licht verne
eine borch, dar schalstu gerne
in singen unde ok dar to lesen
unde ewich dar uppe wesen.
du schalst dar nummer mer ute kamen'.

Niederld. Bl. Ciiij b:

De Abt seyde: daer stact een Burcht niet verre van hier,
dar niemant en woont noch en komt, daer suldi singen ende
lesen na uwen wille, daer suldy blijven.

Hochdtsch. V. 517 ff:

der apt der sprach 'hie leit nicht fern
ein berg, da solt du wonen gern
so lang bisz kompt der jüngste tag,
vor dem sich niemant verbergen mag.
du (en) solt auch faren von dan
dasz du nicht schedigst weib noch man'.

Diese 3 Stellen beweisen zur Genüge, dass das niederdeutsche Gedicht Quelle des niederländischen Volksbuches ist.

Das niederländische Werk ist jedoch keine einfache Prosa-
auflösung, sondern der Bearbeiter hat sich viele Abweichungen
von dem ihm vorliegenden Gedichte erlaubt; nicht nur hat er
die Erzählung durch viele kleine Zusätze erweitert, sondern

auch ganz fremdartige Geschichten hat er aufgenommen. Darin
stimmt das niederländische Volksbuch vollkommen mit dem englischen überein [1]), dessen Inhalt S c h a d e [2]) ausführlich wieder-
erzählt und dessen Zusätze er zum Teil nach ihren Quellen
bestimmt hat. Ein Hauptunterschied indessen besteht zwischen
beiden: die Zusätze innerhalb der bereits in dem Gedichte vorhandenen Geschichten sind in der niederländischen Bearbeitung
zum grossen Teile in Versen abgefasst, während die englische
alles in Prosa wiedergiebt. Der niederländische Bearbeiter hat
es passend gefunden, an verschiedenen Stellen Gespräche und
Monologe, die in dem alten Gedichte nur angedeutet waren, in
Versen auszuführen; der mitgeteilte Anfang enthält zwei
Proben davon. Diese Verse hat der Engländer mit übersetzt;
da sie aber für den Gang der Handlung belanglos sind und
vieles davon in Prosa umgesetzt ziemlich nichtssagend klingen
würde, so hat er stark daran gekürzt und geändert. Das
erste ist noch ziemlich ausführlich wiedergegeben [3]); aber z. B.
drei geistliche Strophen, die der Abt declamiert, als ihm der
Landmann sein Erlebnis in dem hohlen Baume berichtet hat,
werden nicht in Prosa gegeben: es heisst nur, dass der Abt
in grosser Reue betete. Gleich darauf folgt ein langes Selbst-
gespräch des aus dem Kloster verbannten Rausch; von den 50
Reimzeilen sind nur 3 übersetzt:

Ay lacen, wat sal ic arm Duyvel nv bestaen,
Waer sal ic henen, waer sal ic best ghaen?
Alle mijn arbeit is verloren met allen,

englisch: *Alas, alas, what shall I doe, I wote not whether*
to goe, for all my seven yeres labour is lost.

Dann trifft Rausch mit seinem Meister zusammen, der ihm
Vorwürfe macht und schliesslich seine Knechte auffordert, R.
gehörig durchzuprügeln; im englischen Texte sind davon nur
wenig Verse übersetzt, die ganze Prügelscene ist weggelassen.
Am Schluss fährt Rausch in die Tochter des Königs von

---

[1]) The historie of frier Rush .., London 1620, abgedruckt in: A Collection
of early prose romances ed. by W. J. Thoms I (London 1828).

[2]) Weim. Jabrb. V 303 ff.

[3]) Thoms a. O. S. 5.

England, aus der ihn sein früherer Abt bannt: ganz wie in den Gedichten. Im englischen Volksbuche nimmt er dagegen Dienst bei einem englischen 'Gentleman', dem er zur Heilung seiner besessenen Tochter seinen ehemaligen Abt empfiehlt: eine Änderung, die sich aus der Nationalität des Bearbeiters erklärt.

Die englische Übersetzung ist viel ausführlicher als die niederländische; sie erzählt in behaglicher Breite, und vielfach werden kleine Züge eingeschaltet, die zur Erklärung und bessern Motivierung dienen, wie schon Schade anmerkt. Aber der grösste Teil dessen, was die Darstellung von der der Gedichte unterscheidet, ist doch schon in dem niederländischen Volksbuche vorhanden.

Die Zeit der niederländischen Übersetzung lässt sich nur annähernd bestimmen. Im Index der verbotenen Bücher von 1570 kommt ein Druck davon vor, in dem von 1550 noch nicht. Für das englische Volksbuch ist zwischen Juli 1568 und 1569 dem John Alde die Druckerlaubnis erteilt.[1]) Zwischen 1550 und 1568 ist also der niederländische Bruder Rausch wahrscheinlich zum ersten Male gedruckt.

---

9. Den vryen kost. (Repues franches).

Die conste || Ende maniere om Broot ende || Vleesch / Visch / Wyn / Gebraet / Spijs / Dranc / || ende den Vryen kost te kryghen sonder Ghelt. Ende is seer || profytelijc voor alle Gildekens / Mannen oft Vrouwen || die redelijc ghekleet / ende gheen ghelt en hebben. || Ooc ist goet voor Weerden en Weerdin- || nen / dat sy hen wachten moghen || voor sulcken bedroch. || Holzschnitt. Tot Rotterdam / || By de Weduwe van Jan van Ghelen / op || de Hooch straet / by de Spuy inden || witten Hasewint. 1610.

---

[1]) A transcript of the registers of the company of stationers . . ed. by Edw. Arber I (London 1875) S. 179. Vgl. auch Schade a. O. S. 364.

Die beiden ersten Worte des Titels sind in Holz geschnitten, die Zeilen sind abwechselnd rot und schwarz gedruckt. Am Schluss steht 'Dit Boeck is ghevisiteert ende gheapprobeert by Meester Jan Goosens / Prochiaen in sint Jacobs Kercke binnen Antwerpen', dann folgt das Druckerzeichen des Jan van Gheelen. Es sind im ganzen 4 Bogen in 4⁰.

Der Druck enthält 15 Bilder in Holzschnitt, von denen 3 zweimal erscheinen. Das Bild auf Bl. 2 ist ein Porträt mit der Jahreszahl 1538 und den in Typendruck eingesetzten Worten 'Ic Doctoor sonder Wijsheyt'. Daraus wird man aber nicht schliessen können, dass dies Werk schon 1538 gedruckt sei, denn das Bild kann ursprünglich ebensowohl für ein anderes Buch bestimmt gewesen sein. Auch von den übrigen Bildern sind die meisten so wenig charakteristisch, dass sie sehr wohl anderswohin passen.

Das Buch besteht aus 15 Schwänken, die darauf herauslaufen, dass sich jemand durch List freie Mahlzeit verschafft. Im wesentlichen ist es eine Bearbeitung eines französischen Gedichts, der 'Repues franches de François Villon et de ses compagnons', das schon im 15. Jahrh. in mehreren Einzeldrucken verbreitet war (vgl. Brunet, Man. du libr., unter Villon) und auch in den meisten Ausgaben der Werke Villons, welchem es früher zugeschrieben wurde, abgedruckt ist. Am Schluss fügt der Bearbeiter 5 Schwänke aus Holland hinzu die ihm wohl durch mündliche Überlieferung bekannt waren, darunter zwei von Claes Mac und einen von paep Teun, der, um seine Erpressung verüben zu können, einem Landmanne einen noch gröbern Streich spielt, als der Kalenberger den beiden Dienern des Fürsten (V. 1813 Bobertag).

Als Probe der Übersetzung gebe ich hier den Anfang; die mit dem Originale übereinstimmenden Stellen sind durch den Druck hervorgehoben.

Oeuvres de François Villon p. p. P. Lacroix (Paris 1877) S. 220:

Vous qui cerchez les repeues franches,
Et, tant jours ouvriers que dimenches,
N'avez pas planté de monnoye,

Die conste etc. Bl. Aij:

Die gheen planteyt van ghelde
enhebben, komt hier neerstelijcken
te aenhooren dese navolghende
leeringhen, in dit Boecxken
beschreven. Eerst komt ghy schoono

Affin que chascun de vous oye
Comment on les peut recouvrer,
Vueillez-vous au sermon trouver
Qui est escript dedans ce livre.
Mettez tous peine de la lire,

Entre vous, jeunes perrucatz,
Procureurs, nouveaulx ad-
vocatz,
Aprenans aux despens d'aul-
truy.
Venez-y tost, sans nul ennui,
Clercz, de praticque diligens,
Qui cognoissez si bien vos gens;

Sergens à pied et à cheval,
Venez-y d'amont et d'aval,
Les hoirs du deffunct *Pathelin*,
Qui sçavez jargon jobelin;
Capitains du Pont-à-Billon;

Tous les subjetz François Villon,
Soyez, à ce coup, resvoillez.

Pas ne devez estre oubliez
Tous gallans à pourpointz sans
manches,
Qui ont besoing de repeues
franches,
Et tous ceulx, tant yver qu'esté,
Qui en ont grant necessité.

ghildekens, ghy fiere Venuskame-
nierkens, gy lieffelijcke levende beel-
dekens, die ryckelijc ghereparceert ende
ghekleet gaet met gheleende kleederen,
ende meestendeel luttel in den buydel
hebt, ende gaet dicwils sonder ghelt.
Komt aen ghy nieuwe Procureurs ende Advocaten, die daer
leert op ander lieden kosten,
ende zyt liever gast dan weert. Komt
ooc haestelijc ghy klercken
vander pratycken, die zoo wel
u volexken kent, om goet chier
te maken, ende vullen uwen pender
met goeden wijn, ende ander spysen
sonder uwen kost. Komt ghy Ser-
gianten ende dienaren van myn
Heere *Alberoyt*,[1]) ende van myn Heere
van Kommer kercken, ende van myn
Heere *vander Niethaven*, die de
Argoensche sprake wel konde
queesten. Komt alle subjecten
ende onder saten van Meester
Francoys de Villon, schoolmester
van deser konste, komt alle tot synder
scholen. Ooc en sydy hier niet
vergheten ghy dorre gheselle-
kens metten wambeysen sonder
mouwen, ende ooc die daer draecht
die hemden metten knoopen, want
ghy dese maeltijden sonder gelt
wel te doene hebt.

Man ersieht aus dieser Probe, dass die Übertragung in vielen Einzelheiten von dem Grundtexte abweicht: manches ist ausgelassen, oft sind auch kleine Zusätze gemacht. Ganz fortgeblieben ist 'La cinquiesme repeue. Du pelletier' (Villon S. 250); wahrscheinlich ist von der Censur dieser Abschnitt, der den Ehebruch eines Priesters behandelt, gestrichen worden. Zuweilen zeigen sich Misverständnisse des Originals, am auffälligsten tritt das bei dem fünften Schwank 'Du souffreteux' hervor. Schon in der Eingangsstrophe sind die Worte eines als Gespräch

---

[1]) Vgl. Kalff, Gesch. d. ned. lett. I S. 169.

zwischen zweien angesehen; dann hat das Misverstehen des
Wortes c l e r c (hier gleichbedeutend mit v a r l e t) als 'Kleriker'
zu einer Umgestaltung der Erzählung geführt, indem sich der
Streich gegen einen des Weges kommenden 'Klerc' richtet.
Endlich ist aber die ganze Pointe nicht verstanden.

Im französischen Texte wettet der g a l l a n t mit dem
v a r l e t des Wirts um die Zeche, er wolle ihm ein Lied singen,
zu dem er sagen werde 'cela me plaist'; darauf zieht er
seine Börse und singt 'Faut payer ton hoste ton hoste', der
varlet sagt 'cela bien me plaist' und hat damit seine Wette
verloren. — In der Übersetzung ist statt des einfachen 'Faut
payer . .' ein vierstrophiges Lied eingeschaltet, aber unbegreif-
licher Weise ist die Erwiderung des varlet ('dat is seer goeden
sanc') als mit zu dem Lieàe gehörig behandelt. Damit ist die
Pointe des Schwankes beseitigt,' denn nun heisst es weiter
'Doen die ghilde dit Liedeken . . ghesonghen . . hadde, soo dattet
hen allen wel behaechde . . ende klerc seide dattet niet playsant
en was. Doen vraechden die ghilde den ghesellen oft hijs niet
ghewonnen en hadde. Sy seyden certeyn ja ghy, wy en hoorden
noyt beter, noch playsanter. Ende sy wesen den klerc tgelach te
betalen, des hy niet wel te vreden en was, want hy was overmant,
so moste hy leeren swijghen. Ende moeste daer laten rock ende
tabbaert . . .'

In ursprünglicherer Fassung findet sich dieser Schwank in
einem niederländischen Schwankbuche von Fr. L o o c k m a n s,
der ihn aus Bonav. Desperiers' Nouvelles récréations (n. 122)
entlehnt hat. Die mir vorliegende Ausgabe [1]), die mit der niederl.
Boccaccioübersetzung (Vijftich Lustige Histoiien oft Nieuwicheden Joannis Boccatij / . . Dooi Dirick Cootnhert . .
T'Amstelredam, By Pieter de Kater / . . 1612. — De Tweede
50. Lustige Historien . . t'Amstelredam. By Cornelis Lode-
wijckfz. vander Plasse / . . 1613; unter der Vorrede 'G. H.
V. B.' — Beide Drucke sind nicht bekannt) zusammengebunden
ist, führt den Titel:

---

[1]) Eine andere von 1589 datirte Ausgabe hat kürzlich J. Bolte beschrieben
in der Tijdschrift voor nederl. taal- en letterk. XIII 1 (1894) S. 2 ff.

LXXI. ‖ *Lvstighe* ‖ *Historien oft Nieuwicheden / inhou-* ‖ *dende vele schoone recreatiue ende play-* ‖ *sante gheschiedenissen /* *ouergesedt vt di-* ‖ *uersche talen in onse Neder-* ‖ *duytsche sprake.* ‖ ¶ *Door Fransoys Loockmans van* ‖ *Antwerpen.* Holzschnitt. *T'Hantwerpen,* ‖ *By Hieronymus Verdussen / op onser lieuer* ‖ *Vrouwen Kerck-hof / aen de Noortzijde / inde* ‖ *X. Gheboden.* ‖ *Met gratie ende Priuilegie.*

Es sind 73 Bl. und 2 Bl. Register in 4°; am Schluss steht eine Censurnotiz von 1577.[1]) Auf Bl. 38 steht als N. 33 '*Vanden ghenen die zijnen weert met liekens betaelde*'.

Ausser dem eben erwähnten Gedichte ist in Versen abgefasst der '*Prologhe*' des Übersetzers und 2 übersetzte Stücke am Anfang:

Qui en a, est le bien venu,
Qui n'en a point, l'on n'en tient compte . . .
'*Tis een oudt seggen van langhe daghen*
Een rijc man die veel goets besidt // *siet*
De heeft veel vrienden, men derfs niet vraghen
Al en bestaense hem thienste lidt // *niet* . . .'

ferner

Qui n'a or, ny argent, ny gaige,
Comment peut-il faire grant chere? . . .
'*Die geen ghelt en heeft oft eenich pant*
Hoe zal hy door de werelt gheraken
Hy mach wel druckich zyn den armen quant
Hoe sal hy ooc goede ciere moghen maken . . .'

— — —

10. Jan wt den vergiere.

Een schone ende ghenoechelijcke Histozie ‖ *van Joncker Jan wt den vergiere des Graven soone van Artoys die veel wonderlijcke avontueren* ‖ *gehadt heeft ende doo? zijn groote vromic* ‖

[1]) Ein Privilegium von 1582, wie es die von Bolte beschriebene Ausgabe von 1589 enthält, findet sich nicht in dieser Ausgabe.

2

heyt namaels Keyser van Roomen ende Coninck van Vranck- :|
rijck wert. Holzschnitt. *t'Amstelredam.* ¦' *By my Harman*
Janssoon Muller / Fyguersnyder woonende inde Warmoestraet /
inden vergulden Passer.

Bogen A—G in 4°; in Bog. G muss noch mindestens ein
Doppelblatt in der Mitte eingefügt gewesen sein, das im Göttinger Exemplar fehlt, denn nach dem Anfang von Cap. 26
folgen nach dem Custos 'dier' auf Bl. G 3 die Worte 'liesden
van' aus Cap. 29. Zweispaltiger Druck. Die ersten beiden
Worte des Titels sind in Holz geschnitten. 6 Holzschnitte
ausser dem Titelholzschnitt. Der Holzschnitt auf Bl. Fiij
(Zweikampf zwischen Vater und Sohn) ist anders ausgeführt
als die übrigen und wohl etwas älter. Der Druck ist nicht
sehr korrect, so sind zwischen Bl. E^a und E^b mehrere Worte
ausgefallen.

Der Kaiser von Rom Sigmundes findet in seinem Baumgarten ein neugebornes Kind mit den üblichen Erkennungs-
zeichen (Wappen etc.); es erhält den Namen 'Jan uyt den vergiere' und wird mit des Kaisers Tochter, der schönen Gloriande, erzogen. Am Hofe ist der böse Gouweron mächtig. Er
sucht den Kaiser und Jan in die Hand der Heiden zu liefern, aber
der Heide Sorborijn wird gefangen und zieht dem Tode den Über-
tritt zum Christenthum vor; er heisst jetzt Lancelot und erhält all seine Länder als Lehen zurück. Als Jan einst von
Gouweron 'vondelinck' genannt wird und von dem Kaiser er-
fährt, dass er nicht sein Sohn ist, beschliesst er seinen Vater
zu suchen, bleibt aber auf des Kaisers Bitte noch ein Jahr bei
ihm. Bei einem grossen Feste des Kaisers kommt plötzlich ein
Riese in den Saal und verlangt, dass sich ihm ein Ritter zum
Zweikampf stelle. Der Kaiser gelobt seine Tochter Gloriande
dem Besieger des Riesen zum Weibe zu geben. Nur Jan erklärt sich bereit; er wird zum Ritter geschlagen und der
Kaiser sowie der Papst geben ihm gute Lehren. Er zieht
dann aus der Stadt hinaus und erlegt den Riesen. Die Heiden
verfolgen ihn und bringen ihm viele Wunden bei; als er zur
Stadt zurückkommt, findet er die Thore auf Gouwerons Rath
geschlossen. Aber Lancelot kommt ihm mit 200 Rittern zu
Hülfe, dann zieht auch Gautier hertoge van Salabren zu seiner

Unterstützung hinaus, und endlich der Kaiser mit seinem
ganzen Heere. Als der Kaiser zu Fusse kämpft, lässt Gouweron die Standarte fallen, und alles flieht in die Stadt. Die
Heiden belagern die Stadt. Dort werden die Lebensmittel
knapp, aber der Vorschlag Gouwerons, zu Mohammeds Religion
überzutreten, erregt grosse Entrüstung. Am vierten Tage
geht Jan in Verkleidung als Abgesandter des Kaisers in das
feindliche Lager. Ehe er seine Botschaft ausrichtet, fordert
er Speise und Trank; er speist mit den feindlichen Würden-
trägern, die sich über seinen Appetit entsetzen, während er die
Speisen in seinem Gewande verbirgt. Dann verkündet er
seinen Auftrag, 'der Kaiser hat mich gesandt um des Sultans
Haupt'; er schlägt dem Sultan das Haupt ab und entkommt
mit den Lebensmitteln nach Rom. Bei dem dann folgenden
Kampfe unterliegen die Heiden, aber Lancelot fällt. Als Jan
nun Gloriande als Siegespreis begehrt, wird sie ihm auf Gouwerons Rath abgeschlagen. Er nimmt darauf Abschied, nachdem er Gloriande, die ihrer Niederkunft entgegensieht, seinen
Freunden, dem König Alphonsus von Spanien und Herzog Gautier, anbefohlen hat, und zieht nach London. Dort bekämpft
er alsbald einen Riesen und gewinnt dadurch als Preis des
Königs Schwester, die schöne Clarisse, und das Herzogthum
Glocester, beides tritt er aber ab an Guido, einen Ritter aus
Frankreich, dessen Freund er geworden ist. Das Schloss
des Riesen erhält dessen Pförtner als Lehen, da er während
des Kampfes die gefangenen Kaufleute befreit und mit Waffen
versehen hatte. Jan zieht nach Spanien, wo er Nachricht von
Gloriande erhält, dann begiebt er sich infolge eines Traumes
auf den Weg nach Frankreich.

Nun unterbricht sich der Erzähler, um von Jans Eltern
zu berichten. 'Soo isser gheweest een Grave van Artoys ende
Bollonoys, ghenaemt Robrecht, dese was Camerlinc van des
Conincx suster van Vrancrijck ghenaempt Isabella, ende de
Coninck was ghenaemt Lodewijck'. Beide verlieben sich in
einander und 'zy wert bevrucht van eenen jonghen Zone'.
Der Graf will sie in sein Land entführen, aber unterwegs
giebt sie einem Sohne das Leben, und er muss sie in einer
Herberge zurücklassen. Er selbst lässt das Kind durch Getreue

bei des Kaisers Palaste aussetzen und flieht, da der König
sein Land erobert hat, zu seinem Neffen nach Aquitanien.
Isabella wird von des Königs Gefolge aufgefunden, und durch
Vermittelung des Herzogs von Bourbon kommt eine Versöhnung
mit ihrem Bruder zu stande.

Jan kommt nun nach Aquitanien. Dort begegnet ihm ein
alter Ritter, der ihn zum Kampfe fordert, weil er sich dadurch
beschimpft fühlt, dass der junge Ritter sein Wappen führt.
Der alte Ritter wird besiegt und fragt Jan nach seinem Namen.
Dieser erzählt seine Geschichte, und Robrecht erkennt, dass
Jan sein Sohn ist; zum Beweise zeigt er einen halben Ring
vor, und Jan setzt die andere Hälfte, die er bei sich führt,
daran. Nun zieht Robrecht nach Rom, um Gouweron zu ent-
larven; er besiegt ihn, und nachdem Gouweron seine Misse-
thaten eingestanden hat, wird er enthauptet. Jan ist nach
Frankreich gezogen, um dort im Interesse seines Vaters zu
wirken. Er dient dort seiner Mutter. Als die einst fragt,
wie er in den Besitz des Ringes gekommen sei, antwortet er
erst, er habe ihn einem von ihm erschlagenen Ritter abge-
nommen; als er dann aber ihre grosse Trauer sieht, erzählt er
ihr die Wahrheit. Als Jan ein Jahr am Hofe ist, fallen die
Sarazenen in das Land ein. Jan erbietet sich zum Zweikampfe
mit einem Riesen, wofür der König seine Schwester als Preis
gelobt hat. Hier ist nun eine Lücke vom Schluss von c. 26
bis zum Anfang von c. 29; dort muss der Verlauf des Kampfes geschildert sein, und zuletzt wird Jan erwirkt haben,
dass seine Mutter seinem Vater zum Weibe gegeben werde.
Jan kehrt nun nach Rom zurück und hält Hochzeit mit Gloriande. Der Kaiser übergiebt ihm sein Land und stirbt bald
darauf. Nach dem Tode des Königs von Frankreich fällt auch
dessen Land an Jan, er lässt es durch seinen Vater für seinen
jüngern Sohn Sigismundus verwalten, der ältere, Joncker Jan,
soll Kaiser werden. Beiden übergiebt er ihre Länder schon
vor seinem Tode, ein halbes Jahr nach ihm stirbt auch Gloriande.

Dieser Roman scheint mir auf ein verlorenes niederlän-
disches Gedicht zurückzugehen, denn es finden sich darin sehr

viele Reime, und an manchen Stellen lässt sich durch Ver-
tauschung eines Wortes mit einem sinnverwandten leicht ein
Reim herstellen.

Ich führe einige Stellen als Beispiele an.

Bl. *Aij ᵃ* de Keyserinne met haer vrouwen en ionckfrouwen, twelck
seer genoechlijc was om te ansien (= schouwen); Nae dat den dienst ghedaen
was, zoo is de Keyser met zijn heeren weder te houe gegaen; *Aij ᵇ* diet
seer benijden, ende en mochten niet lijden; *Biij ᵃ* maer ick alleene al ben
ick jonck ende cleene; zoo moechdy hebben prijs ende eere ende verwachten
oock den loon van onsen heere; *Biij ᵇ* dat ick van Eedelen gheslachte ben
ghebooren ouermidts de littseyckenen diemen by my heeft ghevonden, nu heb
ick een camp anghenoomen (= onderwonden), gunne my Godt ick sal daer-
mede winnen des Keysers dochter die schoone Gloriando die ick beminne
boven al die leven, ick hoope aen God dat by my de Gratie daer toe gheuen
sal, ende zijnen lachter wrecken, ende daer toe ben ick gecomen tot den staet
des Ridderschaps, welc io bouen alle dinck hebbe beghert, nochtans moet ick
kennen dat ick een vondelinc ben; *Cj ᵇ* De Grave die dit Vingberlinck plach
te dragen heb ick in eenen camp met mijnen swaerde doot ghe slaghen. Des
Conincx suster dit hoorende wert seer bleeck ende ongedaen van rouwe, als
oft zy ghestorven soude hebben ende zeyde: Ic nam (*l.* man) u by uwer
trouwen.

Der Stoff des Romans ist im wesentlichen der des französischen Gedichtes Richars li biaus[1]). Die Namen sind
zwar sämmtlich verändert; Sorborijn ist wohl aus Huon de
Bourdeaux entnommen (Sorberijn), ebenso Gouweron (Guweloen),
vielleicht auch Gautier (Gontier van der Geronden). Auch die
einzelnen Abenteuer, die der Held besteht, sind in beiden Werken
verschieden. Aber der häufig bearbeitete Sagenstoff von dem
Sohne, der seine Eltern sucht und seinen Vater im Zweikampfe
überwindet, ist beiden gemeinsam. Reinh. Köhler hat die
verschiedenen Bearbeitungen zusammengestellt[2]); unter allen,
die er nennt, steht die Darstellung im Richars li biaus dem
niederländischen Roman bei weitem am nächsten. Auch in
niederländischen Gedichten finden sich Anklänge. Der ridder
metter mouwen (Roman van Lancelot ed. Jonckbloet, III
14581—18600) ist auch ein Findling, der seine Eltern wieder-

---

[1]) Herausgegeben von W. Foerster. Wien 1874.

[2]) Revue crit. 1868 S. 412—415; dann wiederholt und mit Nach-
trägen versehen in Bibliotheca Normannica III (Lais der Marie de France)
S. LXVI.

findet, jedoch ohne Zweikampf mit seinem Vater. Im Mo-
riaen (Lancelot II 42547—47250) veranlasst der Held seinen
Vater, seine Mutter zur Ehe zu nehmen und ihn dadurch von
der Schande, ein Bastard zu sein, zu befreien.

Hannover.

Karl Meyer.

Kirchheim im Elsass, eine bisher unbekannte Druckstätte des 15. Jahrhunderts.

In Burgers Monumenta typographica wird auf Taf. 47 eine Typenprobe aus Klein Troyga gegeben, indem nach dem St. Galler Exemplar einer Ausgabe der Sieben weisen Meister[1]) die Druckerunterschrift, eine Textseite und ein Holzschnitt reproducirt werden. Die gleiche Type findet sich bei Burger, ohne dass darauf hingewiesen würde, noch einmal auf Taf. 96, wo eine Probe aus New Troyga nach der nur in der Stadtbibliothek Mainz erhaltenen Ausgabe von St. Brandans Leben[2]) geboten wird.

---

[1]) Eine Beschreibung giebt (Scherrer), Verzeichniss der Inkun. der Stiftsbibliothek St. Gallen, 1880 S. 221, wo hinzugefügt wird, dass Klein Troyga fingirt sei für *Augsburg* oder das bei Prag liegende *Dorf Troja;* dazu tritt dann im Register als weitere Vermuthung der Hinweis auf *Troyes.* Deschamps (Dictionnaire de géographie Sp. 1264) vermuthet unter Neu Troyga *Trogen* in Unterwalden.

[2]) Da von diesem Druck noch keine bibliographische Beschreibung vorliegt, lasse ich eine solche folgen:

Bl. 1ª: (E xyl.) **in hupſch lieblich leſen von / ſant Brandon was vund / ers er vff dem mer erfaren hat.** / Darunter Holzschnitt, (92 mm. breit, 108 mm. hoch: Katheder mit Lehrer, vor ihm am Boden 3 sitzende Mönche; vergl. das Facsimile bei Burger Taf. 96.) Bl. 1ᵇ: **Hie hebt ſich an ſant Brandon / bvoh was er vunders erfaren / hat /** Darunter Holzschnitt 92 mm. breit, 60 mm. hoch: Brennender Holzstoss, auf dem 4 Bücher liegen, rechts davon St. Brandan im Begriff ein fünftes Buch hinzuzulegen. Hinter St. Brandan 5 Mönche. Bl. 2 mit Sign. aij *(E)S was hie vor ein heiliger apt der was gebo / ren von dem land ybernia der ꝛꝛ in eine clo-* / Bl. 20ª: ¶ *Hie endet sich ſant Brandons leben vnd hystory was / wunders er vff dem mer erfaren hat Gedrucket vnd vol- / lendet ʒů nüw. Troyga. Do man zalt noch Cryſti geburt j M. cccc. lxxxx vnd vij Jor.* Bl. 20ᵇ leer.

4°. 20 Bll., 3 Lagen, a und b zu je 6 Bll., Lage c 8 Bl. (dem Mainzer Exemplar fehlen c. 5 u. c 7). Mit Holzschnitten. 92 mm. breit und 60 mm.

Eine Vergleichung dieser beiden Tafeln ergiebt die unzwei-
felhafte Identität der Typen, und da beide Drucke aus demselben Jahr 1497 stammen, so zeigt sich klar, dass der Drucker
mit **Klein**- und **New-Troyga** die nämliche Druckstätte
bezeichnen wollte. Dieses wird ebenso bestätigt durch den in
beiden Drucken gleich stark ausgeprägten alemannischen Dialekt, der völlig ausreichend durch die Tafeln Burgers er-
wiesen wird. Dem oberdeutschen *ei* steht hier das alemannische *i* gegenüber in *zit, flissig, sin,* (suus), *rich, dry, pin,
spysz* (cibus), *wyhen, ertrich,* die *wisen* (sapientes) u. a. m.
ebenso wie dem oberdeutschen *au* das alemannische *ü* in *luter,
usz, vff, mür,* u. a. m. Vereinzelt auftretende *ei,* wie *weib* neben
wib, können an dem Lautstand der ganzen Drucke nichts ändern.
Desgleichen ist zu beachten die Dämpfung des *a* zu *o* in *worheit,
ior* (neben iar), *noch* (post), *sprochen* (neben sprachen). Ja es
könnte allein aus der Verwendung von *jungfrau* im Sinne von
virgo das für unsere Drucke in Frage kommende Sprachgebiet
noch enger gefasst werden, da dadurch die Schweiz ausgeschlossen erscheint — ein Schweizer hätte für *virgo* sicher
den einheimischen Ausdruck *tochter* oder *magt* gebraucht[1]) —,
so dass damit für die Provenienz dieser Drucke nur das alemannische Sprachgebiet Badens und des Elsasses übrig bliebe.

---

hoch; vorhanden sind 19 Holzschnitte, die von 17 Stöcken gedruckt sind (2
Holzschn. erscheinen je zweimal.) Bei Bl. c1 b ist der Holzschnitt zu: ¶ *Hie
kam fanct Brandon zů dryen | segfür vor der helle vnd sahe sürrin. | vogel
fliegen. |* abweichend 62 mm. breit und 92 mm. hoch. Mit Signaturen, ohne
Kustoden und Blattzahlen. Einspaltig. Wasserzeichen: Kanne, darüber
Stern; dreibl. Kleeblatt. Das Mainzer Exemplar ist in einem gleichzeitig ge-
bundenen Sammelbande, der die Imitatio deutsch (Augsburg, Schönsperger;
Hain * 9118), St. Brandan, Von Kaiser Karls recht (Strassburg,
Hupfuff; Hain 4527; Fascimile bei Burger Taf. 94) und Lucidarius (Strass-
burg, Hupfuff; Hain 8814) umfasst.

[1]) Vergl. den schönen Beleg bei Kluge, Von Luther bis Lessing, Seite
76 u. Anm.: „Dir gebirst, dass du nit eidgenossische Sprache kanst. Im
Schwytzerland heisset ein Jungfrau ein „Dienstmagd“, aber ein Tochter
oder Mayt heisset eine „unversehrte Meid“ . . . . . Ein Magt heisst bei
uns ein reine unbefleckte, die nennend ir ein Jungfrauen . . . .“ Während
so der Schweizer virgo nie mit Jungfrau widergiebt, schwankt im Elsass der
Gebrauch: Königshofen hat abwechselnd Jungfrau und maget. Vgl. das
Glossar in der Ausgabe der Chroniken deutscher Städte. Bd. IX.

Zur Verwendung besass der Drucker Typen in zwei
Grössen, deren eine (Missaltype) auf Taf. 96 als Auszeichnungsschrift im Titel erscheint, die, nach Einsicht des Druckes selbst,
auch auf der Rückseite des Titels nochmals zur Anwendung
gekommen ist. In den Sieben weisen Meistern fehlen dem
St. Galler Exemplar die ersten sechs Blätter, so dass sich über
die dortige Verwendung dieser Type nichts bestimmtes sagen
lässt. Die kleinere (schwabacher) Type der beiden Drucke ist
sehr characteristisch. Die Majuskeln *A*, *N*, *D* sind in ihrer
auffallenden Form unschwer wiederzuerkennen. Eine weitere
recht auffallende Type belegt Burger leider nicht, es ist
ein *K*, welches in St. Brandan z. B. auf Bl. b 3 ᵛ. Z. 9 erscheint.
Bei den Minuskeln erscheinen bei einigen Typen beachtenswerthe
Doppelformen; so bei *d*, das in 3 Formen belegt ist (Taf. 96. (2),
Z. 22. *du* und *dem*, Taf. 96. (3) Z. 15 *der*), so bei *l*, wo neben
der gewöhnlichen, eine sehr auffallende Form erscheint, in
welcher diese Type fast einem nicht unter die Zeile reichenden
langem *ſ* gleicht (vergl. in den Druckerunterschriften: *zalt* und
an vielen andern Stellen.) Auch bei *b* und *ch* erscheinen zwei-
fache Typenformen: geschlossene und offene Schleifen auf-
weisend. An Interpunktion erscheinen der Punkt[1]), der
Doppelpunkt und ¶; als Trennungszeichen erscheint am Schluss
der Zeile durchgängig der Doppelstrich, doch sind auch sehr
viele Trennungen (die durchaus nicht nach Silbentrennung geschehen) ohne irgend ein bezügliches Zeichen. In den Sieben
weisen Meistern erscheint auch das Komma als ein nach
rechts geneigter, drei mm. langer Strich. In St. Brandan
findet sich diese Type nicht ein einziges Mal verwendet,
so dass vielleicht daraus geschlossen werden darf, dass dieser
Druck den „Sieben weisen Meistern" vorangeht. Die Höhe wie

---

[1]) Der Punkt hat hier, wie öfter in Inkunabeln, nicht ausschliesslich den
Charakter des Trennenden, sondern daneben auch oft den des Verbindenden
und dabei Hervorhebenden. Er mag gleichsam für den Rubricator ein Merk-
zeichen gewesen sein um den nächstfolgenden Buchstaben zu rubricieren.
Vergl. z. B. Taf. 96 (No. 2) Z. 30: *Iud macht den kyel noch. Nots arck*,
ebenso Z. 24: *Der red erschrack sant. Brüden gar ser*, Taf. 96 (No. 3) Z. 12:
do die mest vss was da verschied sannt. Brandon, sowie in der Druckunterschrift:
vollendet zü nüw. Troyga.

die Breite der Satzform variiert in beiden Drucken, wie auch
der eine doppelspaltig, der andere einspaltig gesetzt ist.
Als Signaturen werden Minuskeln in Verbindung mit römischen
Zahlen verwendet. Seiten- oder Blattzahlen finden sich ebenso
wenig wie Kustoden. Für Initialen ist meistens Raum in Höhe
von 4 Zeilen ausgespart.

Was nun die Druckstätte anlangt, die mit N e u T r o j a[1])
vom Drucker bezeichnet wurde, so erscheinen in mittelalterlichen Urkunden zwei Orte[2]) unter diesem Namen: X a n t e n
und K i r c h h e i m i. E.   Ersterer wird, entgegen der Vermuthung Prof. Dziatzko's (diese Sammlung Heft 6 S. 17. Anm.),
wegen des Dialekts unserer Drucke nicht in Frage kommen
dürfen, wie dieser Ort auch nur einmal und sehr frühe (im
Jahr 773; vgl. O e s t e r l e y, Histor.-geogr. Wörterbuch d.
deutsch. M.-A. S. 789) urkundlich als Troja m i n o r erscheint,
welche Kenntniss bei dem Drucker des 15. Jahrh. nicht vor-
ausgesetzt werden kann. Bei Kirchheim i. E. dagegen würde
der Dialekt vortrefflich stimmen, auch erscheint dieser Ort
nicht nur mehrfach als New Troja in Urkunden, sondern ist
auch zur Zeit unserer Drucke und noch lange nachher v o l k s -
t h ü m l i c h unter diesem Namen im Elsass bekannt gewesen.
Oesterley (a. a. O. S. 344) weist für Kirchheim i. E. die Namen-
formen N o v a T r o j a, T r o n i a und N ü w e T r o y e nach, ja
der ganze Gau mit Kirchheim hiess zur fränkischen Zeit P a g u s
T r o n i n g o r u m (am besten und ausführlichsten behandelt von
Schri ker, Älteste Grenzen und Gaue im Elsass, in Strassb.
S t u d i e n I S. 316—364).   Für diese Untersuchung ist jedoch
ausschlaggebend, dass J a c o b T w i n g e r von K ö n i g s h o v e n
(† 1420) den Ort Kirchheim mehrmals mit Neu Troja bezeichnet hat: „Zu disen ziten (Papst Johann XX) salte sich
Elsas wider Keyser Heinrich. do für er mit eime grosse volke
gein Eilsas und betwang es und gewan N u w e T r o e y e des

---

[1]) T r o y g a für T r o j a kann nicht befremden. Statt ursprünglichem *o*
begegnet in Fremdwörtern häufig *oy*, so haben Königshofen und Brant z. B.
durchgängig *Meyser* und inlautendes *j* wird ebenso häufig zu *y*. Vergl. Z a r n c k e,
Brants Narrenschiff S. 284. Bei Brant findet sich des Verses wegen nur die
apokopierte Form *Troy*, bei Königshofen *Troye* und *Troye*.

[2]) Diesen Nachweis verdanke ich Herrn Prof. Dziatzko.

grossen Dagobrehtz burg bi Marley. . . ." Chroniken d. deutsch.
Städte, Bd. IX S. 554. Ferner (a. a. O. Bd. IX S. 626):
„Dirre Dagobertus oder Dagebreht wonete vil in dütschen landen
und allermeist in Eilsas zu Rûfach und uf einre vesten genant
Ysenburg und buwete zu Kirchheim bi Marley eine schöne
vesten und burg und nante die Nuwe Troeye und meinde die
also gût zù machende also Troeye hier vor was gewesen . . . ."
Und endlich im Schlusskapitel (a. a. O. Bd. IX S. 908):
„Troeye genant nüwe Troeye bi Kirchheim wart gebuwen von
Künig Dagebreht und wart zerbrochen von Keyser Heinrich."
Bei der grossen Volksthümlichkeit der Königshofen'schen Chronik,
die sie sich im Elsass von ihrer Veröffentlichung bis heute
bewahrt hat [1] — standen doch dem Herausgeber in den Chroniken deutscher Städte mehr als 50 Handschriften zur Verfügung und tauchen im Elsass immer noch neue auf —, kann
es nicht auffallen, wenn ein elsässischer Drucker des ausgehenden 15. Jahrh. von diesem Nebennamen seines Heimath-
ortes Kirchheim Kenntniss hatte und diese alterthümliche Form
mit ihrer gleichzeitigen Hindeutung auf die sagenhafte Ab-
stammung seines Volksstammes gerade bei diesen Drucken
volksthümlichen und mythenhaften Inhalts zur Anwendung
brachte. Auch noch 1521 kennt der Hagenauer Humanist
Hieronymus Gebweiler das Thal bei Kirchheim-Marlenheim
als Tronia Vallis und selbst 1625 verwendet noch Klein-

---

[1] Dieser Volksthümlichkeit widerspricht es nur scheinbar, dass bis zu
Schilters Ausgabe (1698) kein einziger Druck der Königshofen'schen Chronik
im Elsass hergestellt wurde, während in Augsburg im 15. Jahrh. nach Hain
4 Ausgaben erschienen (Hain * 9791 — * 9794). Aber Hegel hat (Deutsche
Chroniken VIII, 192) schon nachgewiesen, dass Hain * 9792 (und damit auch
* 9793 und * 9794) irrthümlich unter Königshofen steht, weil es sich da um eine
ganz andere Chronik handle, deren Verfasser (wie Drucker) Bämler war.
Die Chronik folge nur z. Th. am Anfange Königshofen, benutze dann die Steinhöwel'sche Chronik (Hain * 15054) und bringe am Schluss Originalbeiträge
Bämlers (unter denen er z. B. erzählt, dass er 1450 in Rom war). Bezüglich
des so allein verbleibenden Augsburger Druckes Hain * 9791 macht Hegel ebenfalls aufmerksam, dass der Druck nach einer damals in Augsburg aufbewahrten
Handschrift hergestellt wurde und nicht den unveränderten Text des
Königshofen bringt, „sondern vielmehr jene Bearbeitung aus König Sigismunds
Zeit mit namhafter Erweiterung des ersten Kapitels."

l a w e l in seiner versificierten Strassburger Chronik den Namen
Neu Troja für Kirchheim. Vergl. H e r t z, Deutsche Sage im
Elsass, S. 213—214.

Dieser so erschlossenen neuen Druckstätte Neu Troja-
Kirchheim kann ich noch zwei weitere Drucke des 15. Jahrh.
zuweisen, deren Ursprungsort bisher vergeblich gesucht wurde,
obwohl des Verfassers wegen eigentlich nur Elsass und vielleicht noch Freiburg i./B. in Frage kommen konnten. Es sind
dies die beiden Erstlingsschriften Thomas Murners, die I n -
v e c t i v a c o n t r a a s t r o l o g o s¹) (Hain 11649, ich benutze
das Exemplar der Göttinger Universitätsbibliothek) und der
T r a c t a t u s d e p h i t o n i c o c o n t r a c t u²) (Hain * 11648, auch
in meinem Besitz). Beide Schriften richtete Murner an den
Elsässer Johann Werner von Mörsberg, welchen er 1497 und

---

¹) Da Hain keine Beschreibung dieses Druckes giebt, lasse ich solche
folgen:

Bl. 1ᵃ **Inueotiua oontra Aftrologoa** / *Sereniſſimo Romanoꝛů regi
Maximiliano piſſimo ꝛtra | coſederatos quos vulgo Switiſes nucupamus interitu
pꝛe | dicetes ſuis Thome Murner liberahū artiu mgꝛi ſelici exoꝛ | ditur ſidere.*
Darunter Holzschn.; Bl. 1ᵇ leer. Bl. 2ᵃ **Generoſo domino Johanni** /
*Wȯꝛꝛner de Mȯꝛꝛperg ſrater Thomas Murner sacra*ᵃ / Schliesst Bl. 4ᵃ: .... *Ex
Argentina octa | uo die Maij. Anno dūi. M. cccc. lXXXXIX. | Summum Jouem
appello.* / Bl. 4ᵇ leer. 4°; ohne Signaturen, Kustoden oder Blattzahlen. Wasserzeichen: p mit 3 blättr. Kleeblatt.

Der Titelholzschnitt (132 mm. hoch, 102 mm. breit) ist für den Druck
besonders hergestellt. Er zeigt den zweiköpfigen kaiserl. Adler, über welchem
aus Wolken eine segnende Hand erscheint, und ist umgeben von der Legende auf
einem Spruchbande: *Prov·ſus diuina. prouidencia. regna cöſlituūt', hu·mana. Aug'
ꝛ. de. i dei*, was Augustinus de civitate dei bezeichnen soll. Der Holzschneider
hat das *e* zu der Abkürzung *ci(vitate)* an eine falsche Stelle und verkehrt gesetzt. Links unter dem Adler die Zwillinge, unter welchem astronom. Zeichen
Kaiser Maximilian geboren war. Rechts unter dem Adler ein sitzender Töpfer,
der auf der Drehscheibe einen Topf dreht, was entweder Anspielung auf den
im Text Murners widerlegten Astrologen N i g i d i u s F i g u l u s ist, oder sich auf
die ebenfalls im Text angeführte Stelle der Confessionen Augustins bezieht:
Stante coelo moueretur rotula figuli. Zwei Typen. Die Missaltype zur Auszeichnung der ersten Titel- und der
ersten Text-Zeile verwendet, sowie zu den Überschriften der einzelnen Kapitel.

²) Der Beschreibung Hains ist nur hinzuzufügen, dass die erste Titelzeile
sowie die erste Textzeile (auf Bl. 2ᵃ) in Missaltype gedruckt ist. Der auf dem
gleichen Blatt verwendete Holzschnittinitial ist 22 Zeilen hoch.

1498 als „praeceptor" nach Paris begleitet hatte. Anfang 1499 war Murner schon wieder nach Strassburg zurückgekehrt, wie aus der Zuschrift *ex Argentina, 8. Mai 1499*, der ersten Schrift hervorgeht, die allerdings schon in Paris verfasst war, da er sich in ihr noch *sacrarum litterarum studens Parisiensis* bezeichnet. Im Herbst 1499 ist Murner dann in Freiburg, wo im October Johann Werner von Mörsberg zum Rector erwählt war, und widmet ihm *ex Friburgo Brisgaudiae* seine zweite Schrift. Da diese beiden Drucke die gleichen Typen haben, die von allen anderen der Murner'schen Schriften abweichen, so lag es nahe auf Grund der Dedicationen ihren Entstehungsort entweder in Strassburg oder in Freiburg zu suchen. Für Freiburg sind die Drucke von Pfaff (Erster Freiburger Buchdruck S. 16) schon abgelehnt, da die Type sich bei keinem Freiburger Drucker nachweisen lässt.[1]) Aber auch die dort ausgesprochene Vermuthung, dass Strassburg der Druckort sein werde, zeigt sich nun als nicht haltbar, da in ihnen, wie das nachstehende Facsimile zeigt,

Male opinantes in principio/posteris ōn putandi ve stigia relinquūt. Ca igitur generose dñe singulare refu gium huc tractatū velis(oro)suscipere animo eo quo da tus est. Misti inquā sufficit aliis(subtilius speculandi) viam prebuisse. Absit obsecro omnis suspicio fallax. nec hūs vt dixit Oresto. tantii gratiarūactiones referre tene mur/quoiū apd nos veridica scripta tenentur.sed et er ronais et falsis scriptoribus/aliquid nanq proferunt ha bitum eteni nostrū preexerciati sunt . Et ego cum nihil vtilitatis coscripserim iuuentuti precos . faueas· Vale et me vt soles comendarū habeto· Ex vniuersitate Fribur gen. Sole in.p vij.gradu libre gradiente.M.cccc.pcip.

die Neu Troja-Kirchheim Type verwendet ist, die Drucke mithin diesem Orte zuzuweisen sind.

---

[1]) Es ist auffallend dass Pfaff den Hans Horlin als Freiburger Drucker nicht erwähnt, der, wie aus Stehlin's Regesten 1076 deutlich hervorgeht schon längere Zeit *vor* 1495 und wenigstens noch 1499 kein unbedeutender Drucker dort war, da er 1495 mehrere Gesellen beschäftigte und damals schon „13 oder 14 Fässer Bücher" nach Basel als Pfand schickte. Ob bei dieser Sendung an

Die Auszeichnungsschrift in Missaltypen, welche die Neu
Troja Drucke aufwiesen, findet sich auch bei den Murnerdrucken
und zwar der dortigen Druckpraxis entsprechend, ebenfalls nur
als erste Zeile des Titels und als erste Textzeile, in der In-
vectiva ausserdem noch in Kapitelüberschriften. Die kleine
schwabacher Texttype ist in allen Formen gleich der Neu
Troja-Kirchheim Type. Zu beachten ist jedoch, dass bei diesen
2 Jahre später fallenden Drucken nur noch eine Form des *d*,
statt der früher gebrauchten drei, zur Verwendung kommt,
dagegen erscheinen die gekennzeichneten Doppelformen des *l*
(vergl. z. B. *libre* in der letzten Zeile des Facsimile), *b* und *ch*
hier ebenso, wie die auffälligen Majuskeln *A*, *N*, *D*. Zu dem
1497 vorhanden gewesenen Interpunktionsvorrath ist die
Klammer neu hinzugetreten und natürlich erscheinen, gegenüber jenen deutschen Drucken, in diesen lateinischen auch
neue Abbreviaturen, so das umgekehrte *c* für *con*. Besonders
sei noch auf das grosse 22 Zeilen hohe *J*, in Holzschnitt, beim
Tractatus hingewiesen, da es bei Zuweisung anderer Drucke
an Kirchheim vielleicht gute Dienste leisten wird. Denn mit
den 4 Drucken von 1497 und 1499, die hier für diese neue
Druckstätte erschlossen wurden, wird das Material gewiss nicht
erschöpft sein und wenigstens für das Zwischenjahr 1498 wird
sich in elsässischen Bibliotheken gewiss noch mancher Druck
nachweisen lassen, der gleichfalls mit der Kirchheimer Type
gedruckt ist. Freilich wird mit der Zuweisung vorsichtig zu
verfahren sein, denn die fastgleichen, aber in der Kegelhöhe gering
abweichenden [1]) Typen finden sich auch bei dem Kölner Drucker
H e r m a n n B u n g a r t a u s K e t w i c h und zwar ebenfalls
während der ausgehenden 90ger Jahre des 15. Jahrhunderts.

---

die Tartaretusdrucke Hain * 15334 und * 15337, die 1494 fallen, oder an die beiden
Schriften des Freiburger Professors Joh. Pfeffer (Hain 12862 und 12863) zu
denken sei, ist kaum zu sagen. Alle 4 Drucke eignen sich ihres Folio-Formats
wegen gleich gut zu der auffallend grossen Sendung. Dem gleichen Drucker
dürfte auch die D e f e n s i o G e r m a n i a e des J a c o b W i m p f e l i n g (1502)
zuzuschreiben sein, die sich ausdrücklich als F r e i b u r g e r Druck bezeichnet.

[1]) Die Kirchheimer Type zeigt bei 30 Z. undurchschossenem Satz eine
Kegelhöhe von 120 mm., die Bungart'sche Type bei 30 Z. eine solche von
122$^{1}/_{2}$ mm.

Von ihm sind bei H a i n, bei E n n e n (Katalog der Inkunabeln
der Stadtbibliothek Köln) und bei V o u l l i é m e (Inkunabeln der
Bibliothek Bonn) zusammen 21 Drucke aufgeführt, davon 14
mit genaueren Beschreibungen. Sie zeigen die Richtung des
Verlages als einen ausschliesslich kirchlichen Zwecken dienenden,
keiner seiner Drucke trägt volksthümlichen Charakter, wenn
nicht das n i e d e r d e u t s c h e P l e n a r i u m (Ennen Nr. 293)
dazu gerechnet werden soll, das zugleich der einzige deutsche
Druck seiner Offizin ist. Bungarts Drucke charakterisieren
sich (namentlich seit 1496) durch eine auffallende Mischung
verschiedenster Typenarten. So erscheinen in Hain * 10718
sechs Typen und auch für wenig umfangreiche Schriften trifft
dies Merkmal bei Bungart zu; so hat der nur 6 Blätter
umfassende Druck A n t o n i u s d e R o s e l l i s (Voulliéme Nr. 73)
Typen in 4 Grössen, ein 16 blättriger (Voulliéme Nr. 410) 5
Typengrössen. Hierzu setzen sich die 4 Kirchheimer Drucke
schon in Gegensatz, da sie einen durchaus einheitlichen
Charakter tragen. Diejenige Bungart'sche Type nun, welche mit
der Kirchheimer die grösste Ähnlichkeit hat, gebe ich nach
der Druckunterschrift von Hain * 10718 in nachstehendem
Facsimile:

Sie erscheint in jenem Druck neben 5 anderen Typenarten (meist in holländischem Ductus) und zwar ausser in den
Marginalnoten nur auf den letzten 6 Seiten in zusammen-
hängendem Satz. Vergleichen wir dieses Facsimile mit
dem der Murner'schen Drucke, so werden wir eine grosse

Anzahl Übereinstimmungen in den Typen, aber ebenso grosse
Verschiedenheiten in der beiderseitigen Druckpraxis finden.
Es zeigt sich hier, wie wichtig der von Prof. Dziatzko verlangte Nachweis ist (diese Sammlung Heft 6 S. 10), dass es
bei Zuweisung von Drucken nicht genüge, nur auf die Gleich-
heit der Typen zu achten, dass es vielmehr geboten sei, auch
die ganze Druckpraxis einer vergleichenden Untersuchung zu
unterziehen. Treten wir unter diesem Gesichtspunkt an die
beiden Facsimile heran, so werden wir sofort die Verschiedenheit der Druckstätten erkennen. Die Form des ¶, welches
Bungart verwendet, findet sich nicht in Kirchheim, wo nur
diejenige Form erscheint, welche die Burger'schen Tafeln 47
u. 96 zeigen. Die Form des *l* bei Bungart ist römisch, in
seinen späteren Drucken auch hin und wieder gothisch. Dagegen haben Kirchheimer Drucke nie die römische Form, und
das ihnen eigenthümliche *l*, welches fast einem *f* glich, findet
sich nie bei Bungart. Die lateinischen Kirchheimer Drucke
haben nie die Abbreviatur *ꝗ*, die sich dagegen durchgängig bei
Bungart findet, sondern setzen stets *ru* oder *ruȝ*, ebenso wie
sie die bei Bungart während seiner ganzen Thätigkeit verwendete Abbreviatur für *is* niemals verwenden. Die Abkürzung für *que* giebt Bungart durch die Ligatur von *q* mit *ȝ*
(vergl. die 2. u. 6. Zeile des Facsimile) während Kirchheim
beide Typen getrennt von einander stellt (vgl. Zeile 8 des
Murner-Facsimile). Abbreviaturen für *et*, *per*, *ur*, die sich bei
Bungart finden, erscheinen kein einziges Mal in Kirchheim.
Die Form der Abbreviaturen für *con* und *us* ist in beiden
Druckereien verschieden. Bungart trennt am Schluss einer
Zeile vermittelst eines e i n f a c h e n Striches, Kirchheim durch
einen D o p p e l s t r i c h. Auch die Form des *K*, welche
Bungart (vgl. das Facsimile Z. 8) bietet, ist verschieden von
dem *K*, welches in St. Brandan sich zeigt (vergl. S. 25)
In der Missaltype endlich, die beide Druckereien nur in spar-
samer Weise verwenden, bietet die Verschiedenheit des *J* An-
halt zur Unterscheidung.

Diese hier gekennzeichnete Druckpraxis Bungarts findet
sich sowohl in seinen Drucken des 15. als in denen des 16.
Jahrh., sie ist also in seiner Offizin feststehend. Gegen diese

Praxis heben sich aber die 1497 und 1499 fallenden Kirchheimer Drucke so scharf ab, dass der Gedanke, dieselben könnten doch vielleicht wegen der Ähnlichkeit der Typen nach Köln zu verweisen sein, durchaus ausgeschlossen ist. Vielmehr werden die gekennzeichneten Unterschiede es ermöglichen, das zu erwartende neue Material zu sichten und nach den gefundenen und hier hervorgehobenen Unterscheidungsmerkmalen dann mit Sicherheit nach Köln, oder nach der neu erschlossenen Druckstätte Kirchheim zu verweisen.

Leipzig.

M. Spirgatis.

Was wissen wir von dem Leben und der Person Joh. Gutenbergs?

Neben Gutenberg wird im 15. Jahrhundert, in den ersten
Dezennien der Buchdruckerkunst, kaum ein Anderer als Erfinder
dieser Kunst genannt; erst seit dem Anfang des 16. Jahrh. be-
gannen Familieneitelkeit, Lokalpatriotismus und Kritiklosigkeit
sein Andenken in den Hintergrund zu drängen und die Namen
früher Nachfolger Gutenbergs, die äusserlich mehr vom Glücke
begünstigt waren, an seine Stelle zu setzen. In Mainz war es
Johann Fust, in Strassburg Johann Mentelin, die zuerst
von Familienangehörigen als die wahren Erfinder ausgegeben
und dann in weiten Kreisen gläubig dafür angesehen wurden.
Das 17. Jahrh. und das erste Drittel des 18. änderten wenig
daran, und erst seit der 3. Säkularfeier der Erfindung im Jahre
1740 fand Gutenberg wieder als der wahre Erfinder allgemeine
Anerkennung. Es war das besondere Verdienst des Göttinger
Historikers Joh. Dav. Köhler, durch seine 1741 veröffentlichte
„Hochverdiente . . . Ehren-Rettung Johann Gutenbergs" auf
Grund wichtiger, von ihm ermittelter Urkunden diesen Um-
schwung veranlasst zu haben. Neben Fust und Mentelin, deren
Ansprüche jetzt als abgethan gelten können, tauchten gelegentlich noch manche andere Namen von Erfindern jener Kunst auf,
meist aber nur, um ebenso schnell wieder aus der Debatte
zu verschwinden.[1]* Und wenn es auch mit den holländischen Ansprüchen, denen wir zuerst in der zweiten Hälfte
des 16. Jahrh. begegnen und die seit dem Ende des vorigen
Jahrhunderts mit steigender Lebhaftigkeit aufgenommen wurden, etwas ernster zu nehmen ist, so haben doch die sach-
kundigsten Gelehrten jenes Landes ihnen gegenüber sich
von Anfang an kühl verhalten. Seit Ant. v. d. Linde die

---

* Die Anmerkungen siehe am Ende des Aufsatzes.

Unwahrscheinlichkeiten und Widersprüche der Costerlegende nachgewiesen hat,[2] was sein unbestreitbares Verdienst ist, hängt die letzte Entscheidung über jene Ansprüche von einer planmässigen Durchforschung der alten holländischen Druckfragmente ab, die bisher noch nicht versucht worden ist,[3] sowie von einer zuverlässigen Feststellung des Alters und der Herkunft der verschiedenen mechanischen Vervielfältigungsverfahren, die der Typographie vorausgingen.

Vielleicht war es gerade der Streit um die Ehre der Erfindung, der seit jeher das Interesse wesentlich auf die Geschichte und die ersten Anfänge der Kunst vereinigte, die Person des Erfinders dagegen und seine Schicksale stark in den Hintergrund treten liess. Viel trägt aber auch der Mangel an quellenmässigen Nachrichten über sein Leben daran die Schuld; ein Mangel, der so gross ist, dass Gutenbergs Person nur in nebelhaften Umrissen erscheint und ein tüchtiger Kenner der Buchdruckergeschichte, Carl B. Lorck, den Ausdruck „mythisch“ von ihr gebraucht und gegen den Plan der Errichtung einer Gutenbergstatue in Leipzig unter anderem den Einwand erhebt, dass „eine typische Gestalt, an die wir glauben könnten, von ihm sich nicht habe bilden lassen“.[4] Wesen und Charakter des Mannes bieten dem darstellenden Künstler zu wenig fassbare Züge. Solange Gutenberg lebte, war er auf den Betrieb und die Vervollkommnung technischer Gewerbe, besonders seines Typendruckes bedacht und suchte aus guten Gründen seine Künste eher geheim zu halten als die Kenntniss von ihnen und damit von seiner Person unter den Mitmenschen zu verbreiten. Auch brachte seine Thätigkeit, die vorwiegend technischer Art war, ihn in keinerlei Beziehungen zu litterarischen Kreisen, die sonst in ihren Schriften, in Briefen, Vorreden u. dergl. wahrscheinlich häufige und sichere Kunde von ihm gegeben hätten. Nach seinem Tode trat erst recht bei denen, die noch Näheres über ihn wussten oder doch leicht erfahren konnten, hinter dem Interesse für die staunenswerthe neue Kunst das für den Erfinder völlig zurück. So ist des Thatsächlichen, was über ihn berichtet wird, nur wenig, und es gewährt uns vor allem keinen vollen Einblick in sein Inneres, gibt uns kein Bild seiner geistigen Entwickelung, der Triebfedern und Ziele seines Handelns. Nur

3*

einige individuelle Züge und persönliche Eigenschaften treten
schwach und unsicher aus den trockenen Nachrichten hervor,
die — meist bei geringfügigen Anlässen und Vorkommnissen
seines Lebens — urkundlich über ihn vorliegen.

Um die Ermittelung, Sammlung und Veröffentlichung von
Urkunden, die das Leben Gutenbergs, seine Familie oder solche
Personen betreffen, welche in Beziehung zu Gutenberg standen,
haben sich seit der Mitte des vorigen Jahrhunderts besonders
Joh. Dav. Köhler in der angegebenen Schrift (S. 34), Joh. Dan.
Schoepflin von Strassburg in verschiedenen seiner Schriften[5])
und C. A. Schaab von Mainz[6]) verdient gemacht, ferner neuerdings durch eine Vergleichung der Originale, soweit solche noch
zugänglich waren, der bekannte Parteigänger Harlems, J. H.
Hessels.[7]) Eine eigentliche Biographie Gutenbergs zu schreiben,
ist bisher nicht unternommen worden und bei dem geringen
dafür vorhandenen Material wohl auch dauernd unmöglich.
Aber es fehlt selbst eine zusammenfassende kritische Darstellung des wenigen, was wir von der Person und dem Lebens-
gange Gutenbergs wissen.[8]) Ich will es versuchen, eine
solche in aller Kürze zu geben und damit unserer Vorstellung
von Gutenberg einiges Fleisch und Blut zu verleihen.*

Ohne Zweifel war Johann Gutenberg ein Mainzer von
Geburt. Er entstammte dem mainzer Patriziergeschlechte der
Gensfleisch, das eines der angesehensten des geistlichen Kur-
staates Mainz war. Seinen Namen hatte es von einem im Besitz
der Familie befindlichen Hofe der Stadt, welcher diesen Namen
führte. In den erbitterten Kämpfen, die seit dem Aufblühen
der Städte in Mainz wie anderwärts zwischen den Patriziern
und den Zünften sich zahlreich wiederholten und dort zugleich
durch fortgesetzte Streitigkeiten zwischen dem Erzbischof und
der Stadt sich verwickelten, stand das Geschlecht der Gensfleisch, das bis zum J. 1294 oder vielmehr noch um eine Gene-
ration weiter sich zurückverfolgen lässt,[8]) stets in den Reihen,
wiederholt an der Spitze des Adels. Ein Ritter Friele zu dem
Gienseifleisch wurde im Anfang des Jahres 1332 zugleich mit
vielen Andern von Kaiser Ludwig mit dem Bann und schwerer

---

* Der Text dieses Aufsatzes — ohne die Anmerkungen — gibt im wesentlichen einen Vortrag wieder, den ich im Winter 1892/93 in Göttingen gehalten habe.

Geldstrafe belegt, weil er an der Zerstörung kirchlicher Gebäude sich beteiligt hatte. Gleichwohl waren er und seine Söhne Ende des gleichen Jahres bei einem Streit zwischen Adel und Gemeinen wieder Führer des ersteren. Sein Sohn Henne (Johann) war vermutlich in direkter Linie Grossvater des Frielo oder Friele, den wir als Vater Gutenbergs kennen. [10]) Seine Frau war Else, die Letzte des patrizischen Geschlechtes derer zum Gutenberg, von welcher der Name zuerst als Beiname und später als Hauptname auf Johann überging. Sein Taufname lautet übrigens in den deutschen Urkunden nach dem Brauche jener Zeit meist in einer der Koseformen Henne, Hennle oder Henchin.

Das Jahr der Geburt Gutenbergs steht nicht fest; doch dürfen wir annehmen, dass es um die Wende des 14. und 15. Jahrh. fiel, sein Alter also mit dem Jahrhundert lief. Ausser ihm wissen wir nur noch von einem älteren Bruder, der Friele hiess wie sein Vater und 1434 jedenfalls zu Eltvil bei Mainz wohnte. [11]) Von dem Vater, der 1430 sicher bereits todt war, fehlen aus Mainz durch lange Zeit vorher, etwa seit 1414 [12]), urkundliche Erwähnungen, wie sie sich von andern Gliedern dieser Familie zahlreich finden. Man hat daraus mit Recht zunächst auf einen Ortswechsel geschlossen und vermutet, dass es wieder Kämpfe zwischen den niedern Bürgern und dem Adel waren, in die er verwickelt wurde und die seine Verbannung zur Folge hatten. Gewöhnlich hält man ihn für das Opfer einer Bürgerfehde von 1420, [13]) welche die Auswanderung hervorragender Patrizierfamilien zur Folge hatte und um deren Beilegung man mehr als ein Jahrzehnt immer wieder bemüht war. Den Sohn Johann nahm er mit in die Fremde, während der ältere Sohn Friele anscheinend bei der Mutter in Mainz zurückblieb [14]) oder in dem benachbarten Städtchen Eltvil, wo die Familie Verwandte hatte. Im J. 1425 verkaufte die Mutter ein Haus und Garten in Mainz, ohne dass sie als verwitwet bezeichnet, aber auch ohne dass ihres Mannes gedacht wird. Er befand sich also damals wohl noch in der Verbannung. Im J. 1430 kam die sogenannte Rachtung des Erzbischofs Konrad III. von Mainz zwischen Adel und Gemeinen zu stande, in welcher auch die freie Rückkehr mehrerer vertriebener Patrizier ausbedungen

wurde. Ein Georg Gensfleisch wird ausdrücklich ausgenommen
von der Versöhnung, dagegen befindet sich unter den mit Namen
Zurückgerufenen der zur Zeit „nit inlendige" „Henchin zu
Gudenberg", das ist unser Johann. Der Name seines Vaters
fehlt. Vermutlich war er kurz vorher gestorben, was durch
einige Rentenumschreibungen der Witwe und der Söhne aus
den Jahren 1430—34 wahrscheinlich gemacht wird, die wohl
mit der Erbschaftsteilung — zugleich vielleicht auch mit ihrer
Rehabilitirung — zusammenhingen. Auch spricht dafür der
Umstand, dass 1429 in einer strassburger Urkunde ein Friele
Gensfleisch von Mainz erwähnt wird. [15]) Dies ist gewiss der
Vater des Johann Gutenberg, dessen Bruder Friele, der 1430
in Mainz sich befand, in dem Aktenstück über die „Rachtung"
auch hätte genannt sein müssen. Also im gleichen Jahre 1429
oder im Anfang des folgenden starb Gutenbergs Vater.

Aus der ganzen früheren Zeit vor 1430 fehlt jede Nachricht von Johann G. Nur dass er einen grossen Teil dieser
Zeit nicht in Mainz verlebt hat, dürfen wir mit Sicherheit annehmen. Ein unruhiges, stürmisches Blut rollte, nach der Art
seiner Ahnen zu schliessen, in seinen Adern. Dass wir aber
von seiner Kindheit und Jugend, von den Einflüssen, unter
denen er aufgewachsen, dem Bildungsgange, den er durchgemacht, kurz von der für seine Entwickelung wichtigsten Zeit
so gar nichts erfahren, ist um so mehr zu bedauern, weil es
höchst interessant wäre zu wissen, wie der Patriciersohn voll
Standesbewusstsein, dem der Junker tief im Blute steckte, zum
Betriebe technischer Gewerbe gekommen, denen er nicht etwa
bloss in Nebenstunden, sondern mit allen Kräften unter Aufopferung
seines Vermögens und der Ruhe seines Lebens oblag. Zwang
die Not der Verbannung und der Kampf ums Dasein ihn, zunächst ein nützliches Gewerbe zu lernen, bei dessen Ausübung
die Lust am Grübeln nach Verbesserungen bei ihm erwachte?
Oder brachte das wechselreiche Leben der Verbannung ihn
mehr zufällig in Berührung mit geschickten Technikern, deren
Beispiel ihm zu eigenen Versuchen nachhaltige Anregung gab?
Oder drang auch ohne solches Vorbild sein scharfblickender
Geist ein in das Wesen jener Künste, deren äusseren Betrieb
er gelegentlich kennen gelernt hatte? Das sind Fragen, die

wir wohl stellen, aber nicht beantworten können. Nur im allgemeinen sei darauf hingewiesen, dass infolge der Anregungen,
welche durch die Kreuzzüge aus dem Orient nach dem west-
lichen Europa gekommen waren, sich hier allmählich in Handel
und Gewerbe, besonders auch in der Kunstindustrie eine rege
Thätigkeit entwickelt hatte, an welcher der Westen und Süden
Deutschlands mit den reichen und blühenden Städten Köln,
Mainz, Strassburg, Basel, Ulm, Augsburg, Nürnberg lebhaften
Anteil nahmen. Die der Buchdruckerkunst verwandten Gewerbe
der Brief- und Kartenmalerei, des Holz- und Metallschnittes, [16])
des Tafeldruckes für Bild und Wort, des Metallgusses, der
Stempelschneidekunst und des Münzens hatten gegen Ende des
14. oder in den ersten Dezennien des 15. Jahrh. teils begon-
nen, teils einen neuen Aufschwung genommen, gefördert durch
den hohen allgemeinen Wohlstand und die zunehmende Sicherheit der Verkehrs- und Rechtsverhältnisse. Auch die Richtung
der Zeit war Fortschritten auf dem Gebiete der Industrie durchaus günstig. Die Saat nüchterner Verstandesarbeit des 13. und
besonders des 14. Jahrh., die wir z. B. in der bürgerlichen
Dichtung belächeln, trug auf Gebieten des praktischen Lebens
reiche Frucht im Zeitalter der Entdeckungen. Den Städten fiel
in diesem Wettbetrieb natürlich die führende Rolle zu, und es
ist gewiss kein Zufall, dass nicht einer der mittelalterlichen Uni-
versitäten trotz ihres ausgedehnten Bedarfes an Büchern und ihrer
grossen und fest organisirten Schaar von Handschriftenschreibern
und -händlern die Erfindung der Buchdruckerkunst verdankt
wird, sondern Strassburg und Mainz, also durch Handel und
Industrie hervorragenden Städten. Dass gerade der Sohn eines
alten Adelsgeschlechtes, das von Haus aus gewiss andere Nei-
gungen hatte, für technische Fragen Interesse gewann, können
wir, mit den näheren Umständen unbekannt, nur als besonderes
Glück begrüssen. Sicher besassen und übten die alten Ge-
schlechter von Mainz, zu denen Gutenbergs Familie zählte, besondere Münzrechte, und es lässt sich nicht leugnen, dass schon
in seiner ersten Heimat der jugendliche Gutenberg Einblick
in die verwandte Kunst des Münzens, damit aber Interesse und
Verständniss für das Technische gewann. Dass er aber dabei,
unbeirrt durch ererbte Gewohnheiten einer handwerksmässigen

Praxis, zu höheren Zielen durchdrang, ist jedenfalls mehr als
Zufall.

Doch nehmen wir den Faden von Gutenbergs Lebensgang
wieder auf. Erst vom J. 1430 an, etwa dem 30. seines Lebens,
konnte er geknüpft werden. Wenn Gutenberg damals sicher
nicht in Mainz war, so befand er sich 1434 ebenso sicher in
Strassburg, und es steht nichts der Annahme entgegen, dass
er ebenda schon sehr lange — bis 1429 mit seinem Vater —
gelebt hat. Die besondere Rücksicht, die er bei dem gleich zu
besprechenden Anlass auf die Wünsche der Stadt Strassburg
nimmt und die als Dank für ein lange gewährtes Gastrecht sich
auffassen lässt, spricht sogar positiv für jene Ansicht. In das
Jahr 1434 fällt nämlich ein Handel, bei welchem uns Gutenberg
als ebenso entschlossen und durchgreifend wie umsichtig und
klug entgegentritt. Es war eine Streitsache mit seiner Vaterstadt Mainz, die er zum Austrag brachte. Diese hatte ihm und
wohl bereits seinem Vater während der Verbannung gewisse
Zinsen nicht gezahlt, die sie ihnen schuldete, und verweigerte
die Zahlung auch nach der Aussöhnung von 1430. Wegen
dieser „wie vil vergessener zinsse“, wie es in der Urkunde
heisst, that Gutenberg das, was damals Recht und auch Brauch
war: er nahm ein Faustpfand in der Person des mainzer Stadt-
schreibers Nikolaus, als dieser zufällig sich in Strassburg auf-
hielt, „warf ihn“, d. h. nahm ihn in Schuldhaft, und erklärte
ihn erst dann herausgeben zu wollen, wenn die Schuld — sie
betrug 310 rhein. Gulden — von der Stadt Mainz vollständig
getilgt sei. Meister und Rat von Strassburg legten sich ins
Mittel, und daraufhin gab er den Stadtschreiber frei. Dieser
beschwor die Zahlung des Geldes, aber „zu ehren und zu liebe
den Meistern und dem Rathe der Stadt Strassburg“ sagte Gutenberg ihn der Summe ledig und verzichtete damit wohl ganz
auf ihre — immerhin unsichere — Zahlung. Ausser der Dankbar-
keit mag der Wunsch, dauernd sich die Gunst der strassburger Behörden zu sichern, auf seinen Entschluss eingewirkt haben. Auch
lässt der Vorfall, da 310 Gulden damals eine ansehnliche Summe aus-
machten, auf leidlich gute Verhältnisse schliessen. Der vor wenigen
Jahren erfolgte Tod seines Vaters hatte ihn vielleicht für einige
Zeit in solche gebracht. Lange hielten sie keinesfalls vor; denn

nicht wenige der Urkunden, die uns von da an gelegentlich
einige Kunde von ihm erhalten haben, betreffen Geldangelegen-
heiten, und in der Regel handelt es sich darum, ihn durch
Bürgschaft und Verpfändung oder auf anderem Wege in den
Besitz von baarem Gelde zu bringen.

Wenige Jahre nach dem geschilderten Vorfall war er anscheinend in eine Angelegenheit delikater Natur verwickelt, und
zwar mit Anna zu der Iserin Thüre, einer strassburger Edel-
dame aus einem kurz vorher im Mannesstamme ausgestorbenen
Geschlechte. In einem nicht näher bezeichneten und jetzt nicht
mehr nachweisbaren Aktenstücke fand Joh. Wencker, ein strassburger Archivar aus der Mitte des vorigen Jahrhunderts, eine
nicht im Wortlaut mitgeteilte Randbemerkung, nach welcher
jene Dame im J. 1437 den Gutenberg verklagte, anscheinend
wegen versprochener Ehe. Ueber den Erfolg der Klage fand
Wencker nichts bei den Akten. Der Historiker und Gutenberg-
forscher Schoepflin, welcher durch den Finder von der Notiz
Kenntniss erhielt, schloss aus dieser Angabe, die er mit einer
anderen in Verbindung brachte, dass Gutenberg sich in Strassburg verheiratet habe. Indess wird dieser Angabe, weil sie
so unbestimmt überliefert ist, in neuerer Zeit mehrfach wider-
sprochen und insbesondere von Schorbach geltend gemacht, dass
Gutenberg durch seine Heirat mit einer strassburger Bürgerin
selbst Bürger jener Stadt werden musste, während er stets nur
als dort wohnhaft, als Hintersasse u. dergl. bezeichnet wird.
Für damit erledigt kann ich indess diese Frage nicht halten. [17])

Weitaus das grösste Interesse von allem, was über Gutenbergs Aufenthalt in Strassburg und wohl überhaupt von ihm
uns überliefert ist, nimmt der Prozess in Anspruch, den 1439
ein Jürgen Dritzehn gegen Johann G. führte. Die umfangreichen, unzweifelhaft echten, wenn auch gegenwärtig verschol-
lenen Prozessakten, welche um die Mitte des vorigen Jahrhunderts in Strassburg entdeckt und durch den oben erwähnten
strassburger Gelehrten Joh. Dan. Schoepflin veröffentlicht
wurden, gewähren einerseits einen deutlichen Einblick in seine
rege industrielle Thätigkeit und seine vielseitigen Unternehmungen,
lassen andrerseits aber auch, was nicht minder erwünscht ist,
die Persönlichkeit Gutenbergs hier und da klarer und bestimmter

aus dem Dunkel hervortreten, welches ihn sonst umgibt. Der
Gegenstand des Rechtshandels war folgender:

Gutenberg, der mancherlei mechanische Künste betrieb und
Andere gegen Geld an ihrer Verwertung Teil nehmen liess,
hatte sich etwa Anfang 1438 oder Ende von 1437 mit Hans
Riffe, Richter von Lichtenau, zur Ausführung von Arbeiten ver-
bunden, die bei Gelegenheit der aachener Heiligtumsfahrt, einer
sehr grossen, alle sieben Jahre wiederkehrenden Wallfahrt nach
Aachen, verkauft werden sollten. Ein gewisser Andreas Dritzehn,
der früher schon mit Gutenberg in gewinnbringender geschäft-
licher Verbindung gestanden hatte, sowie ein Andreas Heilmann
hörten davon und wünschten, an jener Vereinigung Teil zu
nehmen. Gegen Zahlung von je 80 Gulden nimmt Gutenberg
sie auf. Als dann die Genossen — noch im Jahre 1438 —
erfuhren, dass die Heiligtumsfahrt um ein Jahr später, d. h.
1440, nicht schon 1439 falle,[18]) und vermutlich wegen der un-
freiwilligen Pause Verhandlungen schwebten, bemerkten die
Beiden bei einem Besuche Gutenbergs, dass er noch andere,
vor ihnen verborgen gehaltene Künste betreibe, und drangen
nun in ihn, „alle seine Kunst, die er kunde, nit vor jnen zu
verbergen", sie vielmehr alle zu lehren, „so er fürbasser oder
in ander Wege mehr erkunde oder wust". Es wurde daher ein
neuer Vertrag geschlossen, nach dem jeder der Beiden mit
weiteren 125 Gulden sich bei Gutenberg einkaufte, übrigens
aber Kosten und Arbeit der Unternehmung für seinen Teil zu
tragen hatte. Das Abkommen galt für fünf Jahre. Falls einer
der Genossen in dieser Zeit stürbe, sollten die Ueberlebenden,
damit das Werk ja geheim bliebe, den Erben des Verstorbenen
100 Gulden auszahlen, das Gerät und die hergestellten Arbeiten aber bei der Genossenschaft verbleiben. Dieser Fall
trat noch gegen Ende desselben Jahres ein, indem Andreas
Dritzehn, der den Tod wohl schon längere Zeit in sich getragen
hatte, Ende 1438 verstarb. Man kann sich der Vermutung
nicht erwehren, dass Gutenberg den siechen Zustand des
Andreas Dritzehn bereits kannte, als er jene Bestimmung traf, die
offenbar für die hinterbleibenden Genossen viel günstiger war als
für die Erben des Verstorbenen. Da Andreas Dritzehn voll
Hingabe fast bis zum letzten Atemzuge für das geheimnissvolle,

sehr kostspielige, wenn auch aussichtsreiche Werk thätig gewesen war und darauf sein ganzes, freilich nur bescheidenes
Vermögen aufgewendet hatte, verlangte sein leer ausgehender
Bruder Jürgen, zugleich im Namen eines andern Bruders Nikolaus, von Gutenberg an Stelle des Verstorbenen in die Genossenschaft aufgenommen zu werden. Gutenberg schlug es ab, und
darüber kam es zum Prozess (1439). Durch zahlreiche Zeugenaussagen (14) suchte der Kläger zu erweisen, dass sein ver-
storbener Bruder für das Werk der Genossenschaft Alles ge-
opfert und noch nichts vom Gewinn genossen habe. Gutenberg
wies die Bedingungen des Vertrages nach (durch 4 Zeugen) und
überdies durch eigenen Eid, dass Andreas Dritzehn ihm noch
85 Gulden von dem bei Aufnahme in die Verbindung zu zah-
lenden Kapital schulde. Natürlich lautete der Urteilsspruch
vom 12. Dez. 1439 auf Abweisung des Klägers, dem Gutenberg
nur 15 Gulden auszuzahlen hatte.[19])

Leider war der Verklagte nicht verpflichtet, sich selbst über
die Art und das Wesen seiner Kunst zu äussern; die Zeugen
hatten teils dasselbe Interesse an ihrer Geheimhaltung, teils
und zumeist standen sie der Sache fern, wussten nur Aeusser-
liches und sehr wenig, da ja die Arbeiten sehr geheim betrieben
worden waren und ohne Zweifel weit über das Verständniss
unbeteiligter Personen hinausgingen. Gleichwohl geht, wenn
wir alles zusammenfassen, aus den Zeugenaussagen hervor, dass
Gutenberg neben anderen mechanischen Kunstfertigkeiten, von
denen Steinepoliren[20]) und Spiegelmacherei namentlich angeführt
werden, in jener Zeit ein anderes sehr geheim gehaltenes Werk,
welches mit jenen in keinem notwendigen Zusammenhang stand,
mit Hülfe Anderer betrieb und dass dies aller Wahrscheinlichkeit nach das Drucken mit beweglichen Lettern war. In der
Beweglichkeit der Lettern und in ihrem völligen Zusammen-
passen beruht ja das Wesen der Typographie. Von einer Presse
in der Wohnung des Andreas Dritzehn ist wiederholt die Rede,
auch von vier unter ihr befindlichen Stücken, die Gutenberg
nach dem Tode jenes sogleich befiehlt, auseinander zu nehmen,
„uff daz man nit gewissen kunne, was es sy"; zwei Wirbel an
der Presse sollen aufgethan werden, so dass die Stücke auseinander fielen. Wenn also das Wesen der neuen Kunst in

den Akten des Prozesses auch nicht eingehend geschildert wird
und namentlich nie von den Druckerzeugnissen auf Pergament
oder Papier die Rede ist,[21]) so dürfen wir doch unbedenklich
annehmen, dass die Verbindung der Viere, unter welchen
Gutenberg ganz allein die leitende Person war, dem Typen-
drucke galt. Wir sind dazu um so berechtigter, weil wie wir
seit Kurzem (1890) wissen, wenige Jahre nach dem Ausgang
des Prozesses (1444) in Avignon ein Mann auftauchte, Prokop
Waldvogel, von Prag gebürtig, welcher gegen Geld und das
schriftliche Versprechen der Geheimhaltung bewegliche Lettern
an Andere verkaufte und sie in der Kunst des „künstlichen
Schreibens" unterwies. Wahrscheinlich hatte er, zumal bei ihm
einige Beziehung zum Elsass vorhanden ist, in Strassburg oder
durch Strassburger etwas von dem Geheimniss des Typendruckes
erlauscht und versuchte dies — übrigens in demselben Jahre,
in welchem Gutenberg Strassburg verliess — in der Fremde
zu verwerten. Auch der Umstand, dass das Jahr 1440 sehr
fest und zunächst in strassburger Quellen als Erfindungsjahr
der Buchdruckerkunst überliefert ist — als solches wird es ja
auch seit dem 17. Jahrh. in Säcularfesten gefeiert —, spricht
dafür, dass die Ausübung der Typographie Zweck der Verbindung Gutenbergs mit den drei Genossen war. Durch den
Prozess aus dem Ende des Jahres 1439 wurde die Sache ruch-
bar oder es kamen im nächsten Jahre die ersten Erzeugnisse
der neuen Kunst in Strassburg auf den Markt.

Nach manchen Seiten hin bieten die Prozessakten auch andere
Ausblicke auf Gutenbergs Thun und Treiben. Geschäftlich
verwertete er seine technischen Kenntnisse und Fertigkeiten
anscheinend nur in der Weise, dass er mit Anderen sich zu
bestimmten Arbeiten verband, sich von diesen durch eine verschieden bemessene Eintrittsprämie den Anteil am geistigen
Eigentume abkaufen, die Partner sich dann aber ebenso an
den Kosten wie an der Arbeit beteiligen liess. Für seinen
Anteil hat er vermutlich nur durch Gehülfen und Diener das
Grobe und Handwerksmässige der Arbeit ausgeführt, während
ihm persönlich die geistige Seite der Arbeit, die Instandsetzung
des Gerätes und die Leitung des Ganzen vorbehalten blieb,
er wohl auch fortwährend mit neuen Versuchen beschäftigt war.

Nach der kaufmännischen Seite zeigt er in seinen Unternehmungen, wie die Speculation auf die aachener Heiligtumsfahrt beweist, immerhin einen weiten Blick, ferner Rührigkeit und nach der klugen Abfassung seiner Verträge auch entschiedene Gewandtheit, so dass die sehr verbreitete Annahme, er sei später in Mainz ein Opfer seiner Unerfahrenheit in geschäftlichen Dingen geworden, unhaltbar ist; auch er wollte und musste ja vom Gewinn leben, den seine Arbeiten abwarfen. Andrerseits war sein inneres Interesse, sein vorwärtsdrängender, erfinderischer Geist wohl vor allem auf die Erprobung und Bewährung seiner neuen Ideen gerichtet, und da mochte sein unruhiger Sinn ihn gar manche Schwierigkeit übersehen und unterschätzen lassen.

Was endlich noch seine Person betrifft, so lebte er anscheinend völlig einsam und abgeschlossen in St. Arbogast, einem Kloster nahe bei Strassburg. In dieser Zurückgezogenheit haben wir sicher auch einen Grund dafür zu suchen, dass ausser gerichtlichen Urkunden und ähnlichen Notizen so äusserst wenig von ihm und über ihn erhalten ist. Nur ein Friedel von Sickingen, also ein Adliger, stand unter Allen, zu denen er nach den Akten des Prozesses Beziehungen hatte, ihm persönlich näher, vielleicht auch der schon erwähnte Richter Hans Riffe. Aus anderer Quelle wissen wir, dass er in der Stadt sich nicht zu einer der bürgerlichen Zünfte, sondern zu der patrizischen Genossenschaft der „Constofeler"[22]) hielt. Erst im Anfang des J. 1444 ist er daneben urkundlich zugleich als „Zudiener" der Goldschmiede nachweisbar.[23]) vielleicht infolge seiner gewerblichen Beschäftigung. Das Haus seines Geschäftsgenossen Andreas Dritzehn hat er weder vor noch nach dessen Tode betreten, auch mit Andr. Heilmann, dem andern ihm in keiner Weise ebenbürtigen Partner, scheint der Vielbeschäftigte, sofern jener ihn nicht in St. Arbogast aufsuchte, nur durch einen Bediensteten verhandelt zu haben, und dass mit ihm nicht gut auszukommen war, schliessen wir aus der besorgten Aeusserung jenes Dritzehn, nach seinem Tode würden seine Brüder mit Gutenberg nie übereinkommen. Billigkeitsgründe hätten wohl dafür gesprochen, dass er den Erben Dritzehns gegenüber minder streng auf seinem Scheine bestanden hätte. Indess müssen

wir zu seiner Entschuldigung uns vergegenwärtigen, dass der
erwartete Absatz der für das aachener Kirchenfest bestimmten
Waren, da es später fiel, im Jahre 1439 noch ausstand, dass
ferner gerade die letzte geheimnissvolle Kunst ausserordentlich
viel Geld verschlang und dass Gutenberg, wenn überhaupt je, so
gewiss damals nicht mit Glücksgütern gesegnet war. Erfahren
wir doch aus den Registern über die gezahlten Weinzölle, dass
er im Juli 1439 12 Schilling vom Zolle schuldig blieb und erst
im Juni 1440 nachzahlte. Die leider nicht datirte Notiz, nach
der er der Stadt nur zur Hälfte für ein Pferd aufzukommen
hatte, beweist, dass seine Habe zwischen 400 und 600 Pfund
(Heller) wert, [24]) also für einen Patrizier sehr bescheiden war.
Uebrigens leuchtet eines noch klar aus den Akten des Prozesses
hervor, dass die Geschäftsgenossen in Gutenberg eine weit über-
ragende Persönlichkeit sahen und in sein Können ein unbedingtes
Zutrauen setzten.

Bis zum 12. März 1444 können wir seine Anwesenheit in
Strassburg verfolgen. Wahrscheinlich verliess er noch in diesem
Jahre die Stadt. Das Elsass war damals durch die Einfälle der
Armagnaken schwer bedroht, ja bereits heimgesucht. Im September jenes Jahres wurde das Kloster St. Arbogast selbst, wo
Gutenberg während seines strassburger Aufenthaltes wohnte, von
ihnen geplündert. Eingeschätzt wurde er schon im Januar des
Jahres zu den Leistungen des Kampfes gegen jene Banden;
dass er an ihm Teil genommen, ist nach dem Befund der Urkunden unwahrscheinlich. [25]) Seine Thätigkeit und die Verfolgung seiner Pläne verlangten friedlichere Zustände.

Wohin er zunächst sich begab, ist unbekannt; 1448 war
er jedenfalls in seiner Vaterstadt Mainz. Anscheinend arbeitete
er dort bei beschränkten eigenen Mitteln mit fremdem Gelde
weiter, das er immer wieder aufzubringen vermochte. Seine
Erfindung muss er zuletzt, wenn auch im Kleinen, zu solcher
überzeugenden Klarheit und Vollendung gebracht haben, dass
er endlich, im Jahre 1450, in Johann Fust, einem begüterten
mainzer Bürger, einen Mann fand, der im Stande und Willens
war, reichere Kapitalien herzugeben zu einer Verwertung der
Gutenberg'schen Kunst im grösseren Massstabe. [26]) Die Verbindung galt jedenfalls dem „Werke der Bücher", höchstwahr-

scheinlich dem Drucke der Bibel, die uns als die 42zeilige
bekannt ist. Auf solche Bedingungen, wie sie Gutenberg in
Strassburg vorzuschreiben pflegte, liess sich aber Fust nicht ein.
Nur als Vorschuss, nicht à fonds perdu, gab er vorerst ein
Kapital von 800 Gulden her, wogegen Gutenberg sich ver-
pflichtete, das Gerät herzustellen, welches dem Fust für das
Darlehen verpfändet bleiben sollte. Mündlich versicherte er
Gutenberg, keine Zinsen von dem Gelde nehmen zu wollen;
schriftlich aber wurden 6 Prozent ausgemacht, und Fust, der
an Geschäftsklugkeit und rücksichtsloser Verfolgung seines Vor-
teils dem Partner überlegen war, gebrauchte auch die Vorsicht,
um an dem in Mainz gültigen kanonischen Rechte später eine
Stütze zu haben, alles an Gutenberg geliehene Geld seinerseits
von Anderen gegen Zinsen zu leihen; denn nur für solches
konnte die Verzinsung unter allen Umständen gerichtlich betrieben werden. Zur Ausführung des gemeinsamen Werkes
hatte Fust überdies jährlich 300 Gulden baar sowie Gesinde-
löhne, Hauszins, Pergament, Papier, Schwärze u. s. w. zu liefern.
Dass Gutenberg auf den ersten für ihn so ungünstigen Teil
des Vertrages einging, erklärt sich nur aus der Ungeduld, mit
der er seine Erfindung in einem grossen Werke bewährt sehen
wollte, und aus der Einsicht, dass er so grosse Summen, wie
er sie brauchte, bei der Neuheit des Unternehmens kaum anders
bekommen konnte, wohl aber auch aus der sanguinischen Hoffnung, dass die Kosten geringer, die Herstellung schneller, der
Gewinn grösser und endlich sein Genosse rücksichtsvoller sein
werde. Gerade darin täuschte er sich indess. Als nach Beendigung des Werkes ein neuer Vergleich nicht zu Stande kam,
forderte Fust, der gewiss schon vorher mit Gutenberg zerfallen
war, das erste Kapital von 800 Gld. nebst 250 Gld. Zinsen,
ferner 800 Gld., die er ausserdem nach und nach an Gutenberg
geliehen habe, mit 140 Gld. Zinsen und endlich 36 Gld. Zinses-
zins, im ganzen rund 2020 Gulden von Gutenberg zurück. Da
dieser nicht zahlen konnte noch wollte, verklagte ihn Fust. Das
Urteil der Richter lautete durchaus sachgemäss, aber nach der
Lage der Dinge ungünstig für Gutenberg. Er sollte Rechnung
legen über alle von Fust erhaltenen Gelder: was davon nicht
für das gemeinsame Werk verwendet sei, solle bis zur Höhe

von 800 Gld. in das erste vertragsmässig zurückzuzahlende
Kapital eingerechnet, alles Weitere aber zur Schuld hinzu-
gerechnet werden. Wegen der Zinsforderung sollte Fust durch
Eid oder Zeugen erhärten, dass er die Gelder selbst gegen
Zins entliehen habe. Dass Gutenberg Rechnung gelegt hat, ist
sehr unwahrscheinlich. Vermutlich war er gar nicht im Stande,
es in geordneter Weise zu thun; nach seiner Geistesrichtung
und ganzen Persönlichkeit hat er sich mit einfacher oder gar
doppelter Buchführung gewiss nicht befasst. Fust dagegen
säumte nicht, vor dem Notar Ulrich von Helmasperger seine
Zinsforderung und damit zugleich die Höhe der ganzen Schuld
eidlich festzustellen. Dem Protokoll über diesen notariellen Akt
vom 6. November 1455, von dem ein Original, das einzige erhaltene, sich im Besitz der Göttinger Universitätsbibliothek befindet als einer ihrer kostbarsten Schätze, verdanken wir die
genaue Kenntniss der geschilderten Verhältnisse. Gutenberg
war am Termin nicht in Person erschienen, sondern hatte nur
Vertrauenspersonen zur Berichterstattung dahin geschickt. Er
wollte dadurch wohl einer entscheidenden Erklärung von seiner
Seite weiter aus dem Wege gehen und so den endlichen Abschluss der Sache verzögern. Uebrigens bezieht sich das Protokoll nur auf den ersten Punkt der Klageschrift des Johann
Fust. Ausserdem gab es andere, die wir leider nicht kennen,
wenn sich auch manches vermuten lässt. Gutenberg hatte
z. B., noch während an der 42zeiligen Bibel gedruckt wurde,
den Druck einer zweiten Bibel, der sogenannten 36zeiligen,
höchstwahrscheinlich in Verbindung mit Albrecht Pfister eingeleitet. Auch fallen in die gleiche Zeit, bis 1455, einige
kleinere Drucke mit Typen der 36zeiligen Bibel, sowie die gedruckten Ablassbriefe von 1454 und 1455, von welchen nur die
eine Ausgabe unter Mitwirkung des Joh. Fust entstanden sein
kann. Gutenberg wollte entweder seine Erfindung mehrfach
ausnützen, oder er sah die Lösung seines Verhältnisses zu Fust
voraus und leitete deshalb bei Zeiten neue Unternehmungen
ein. Freilich vermochten sie die drohende Krisis nicht abzu-
wenden.

Im Jahre 1455 endete die geschäftliche Verbindung Gutenbergs mit Fust nicht bloss mit dem finanziellen Ruin des

Erfinders, sondern auch mit anderen empfindlichen Nachteilen. Das verpfändete Druckgerät verfiel, wenn auch wahrscheinlich nicht sogleich, dem Gläubiger, von dessen Firma später noch die Typen der 42zeiligen Bibel gebraucht wurden;[27] das Geheimniss der Kunst, für welche es ja keinen Schutz gab, war verraten und wurde von Fust und Peter Schoeffer, der wohl als Gehülfe des Fust die Kunst unter Gutenbergs Leitung erlernt hatte, sogleich mit grossem Geschick ausgenutzt. Dass Gutenberg gleichwohl noch um einige wenige Jahre — bis gegen 1458 hin — vermutlich auf Grund des schleppenden Gerichtsverfahrens und weil vom Verkauf der 42zeiligen Bibel Gelder eingingen, die Katastrophe hinauszuziehen wusste, lässt sich wahrscheinlich machen. Erst seit 1458 war er in solcher Bedrängniss, dass er die Zinsen einer kleinen Schuld von 80 Gld. nicht mehr nach Strassburg zahlen konnte. Der Apparat der 36zeiligen Bibel, mit welchem noch Ende von 1456 die „Conjunctiones et oppositiones solis et lune" für 1457 nach dem Fundort des einzigen erhaltenen Restes in Mainz gedruckt wurden, ging bald darauf in den Besitz Albrecht Pfisters über, der wohl gleichfalls Gutenbergs Gläubiger geworden war, und wanderte nach Bamberg.[28] Endlich ist nicht unwahrscheinlich, dass Gutenberg ohne Fustens Genossenschaft nach Beendigung der 42zeiligen Bibel, also nach 1455, mit den Typen dieser ein Psalterium druckte, das als besonderen, nicht umfangreichen Druck von etwa 38 Blättern ganz neuerdings Léopold Delisle im Journ. d. sav. (1894 S. 409 ff.) nachgewiesen hat.[29] Der Schwarzdruck der Ueberschriften, die in der Bibel im Anfang versuchsweise rot gedruckt, alsdann ganz der Handarbeit des Rubricators überlassen wurden, weist dem Psalterium seinen zeitlichen Platz nach der Bibel an;[30] die abweichende Anordnung und Fassung dieses Psalteriums im Vergleich mit den bekannten Ausgaben der Jahre 1457 und 1459, die Fust und Schoeffer besorgten, sowie der Umstand, dass diese sich ja mit jener kleineren Ausgabe selbst Concurrenz gemacht hätten, wenn sie daran beteiligt wären, schliessen eben diese Beteiligung aus und beweisen, so viel wir sehen können, dass Gutenberg auch nach 1455 noch einige Zeit lang die Verfügung über den Apparat der 42zeiligen Bibel behielt.

Erst 1458 trat der vorher geschilderte völlige Zusammen-
bruch seiner Verhältnisse ein. Doch fand er nochmals Einen,
der ihm das Geld für ein neues Druckgerät zur Verfügung stellte,
in der Person eines angesehenen mainzer Juristen und Theologen,
des Dr. Conrad Homery. Mit diesen Typen wurde 1470 das
Catholicon, ein Real-Wörterbuch des Johannes de Janua, gedruckt, ein starker Foliant, sowie einige kleinere Schriften.
Natürlich konnte der Druck eines einzelnen grösseren Werkes
seine Lage nicht auf die Dauer verbessern, und wir müssen
annehmen, dass sein Lebensabend, der inzwischen über ihn gekommen war, sich zunächst gar unfreundlich gestaltete. Auf
die Hülfe von Verwandten und Freunden war er wie schon in
früheren Fällen, gewiss auch damals vor allem angewiesen.
Dass er seinen Traditionen gemäss festhielt zur Adelspartei,
lässt sich noch mit einiger Wahrscheinlichkeit nachweisen. Der
Streit zwischen dem abgesetzten Erzbischof Diether von Isen-
burg und dem vom Papste neu bestimmten Kirchenfürsten
Grafen Adolf von Nassau, welcher Streit Mainz in den Jahren
1461 und 62 entzweite und mit einer schweren Katastrophe
für die Stadt endete, war zuletzt wie gewöhnlich in den alten
Parteigegensatz der Bürger und des Adels ausgegangen. Graf
Adolf wurde von der Adelspartei unterstützt. Während Fust
und Schoeffer als gute Geschäftsleute für beide Parteien Pro-
clamationen druckten, ist mit den Gutenbergischen Lettern (des
Catholicon) in jener Zeit nur eine Ablassbulle des Papstes
Pius II. gedruckt; dieser stand aber auf Seiten Adolfs.

Rücksichten auf die Haltung Gutenbergs und der Patrizier überhaupt waren daher gewiss neben der Achtung vor den hohen Ver-
diensten des Mannes und neben dem Mitleid mit seiner bedrängten
Lage massgebend, als der Erzbischof ihm durch Urkunde vom
18. Januar 1465 eine Hofpfründe verlieh in Anerkennung der
„annemigen und willigen Dienst, die ihm und seinem Stift der
liebe getreue Johann Gudenberg gethan hat.“ Die mit der
Pfründe verbundenen Naturalleistungen waren ausdrücklich für
den persönlichen Gebrauch Gutenbergs und nicht zum Verkauf
bestimmt, offenbar weil der Erzbischof nur ihm selbst und nicht
seinen Gläubigern zu Hülfe kommen wollte. Wahrscheinlich
siedelte Gutenberg auch ganz nach Eltvil über an den kurfürst-

lichen Hof. Dort unterwies er noch die Brüder Bechtermünze
im Drucken, wobei sie sich zuerst der Typen des Catholicon
bedienten. Bald indess, Anfang 1468 oder vielleicht schon
Ende von 1467, beschloss der Tod sein bewegtes, arbeits- und
sorgenvolles Leben. Nach einer wohlbeglaubigten Nachricht
ward er in der Franziskanerkirche zu Mainz begraben. Das
Druckgerät, welches in seinem Nachlass sich vorfand und dem
Dr. Homery als Eigentum gehörte, wurde von dem Erzbischofe,
in dessen Hofbezirk Gutenberg ja wohl zuletzt gelebt hatte, an
Homery nur unter der Bedingung herausgegeben, dass er es in
der Stadt Mainz und nirgends anderswo gebrauchen, bei einem
Verkauf aber einem eingesessenen Bürger das Vorkaufsrecht
vor allen Fremden gewähren wolle.

Rasch hat man den Erfinder — fast noch zu seinen Leb-
zeiten — über seiner Kunst vergessen. Ihre Nutzbarkeit wurde
vollauf gewürdigt: sie brachte auf dem Büchermarkt im Preise
und in der ausgedehnten Verbreitung der Bücher sogleich eine
gänzliche Umwälzung hervor. An wissenschaftlichem Wert
steht die Erfindung des Bücherdrucks — das müssen wir zugeben — hinter anderen, die sich an die Entdeckung neuer
Kräfte oder Gesetze der Natur anschliessen, weit zurück. In
Bezug auf tiefgreifende Folgen aber hat es nach der Erfindung
der Buchstabenschrift keine gegeben, welche sich segensreicher
für die Menschheit erwies als der auf dem gleichen einfachen
Prinzip beruhende Buchstabendruck. Und deshalb wollen
wir mit den Worten der berühmten Unterschrift des Catholicon
uns dessen freuen, dass die deutsche Nation vor anderen der
Erde sich dieser Erfindung rühmen darf.

Göttingen.

K. Dziatzko.

— ·— —

4*

Anmerkungen.

1) Etwa 16 Städten ausser Strassburg und Mainz und einem Dutzend Männern neben Gutenberg ist vorübergehend so die Ehre der Erfindung zugesprochen worden.

2) A. v. d. Linde, de haarlemsche Costerlegende wetenschappelijk onderzookt; 2. uitg., s'Gravenhage 1870. Nichts neues bieten in dieser Hinsicht seine späteren zwei deutschen Werke (Gutenberg 1878, und: Geschichte d. Erf. d. Buchdruckkunst 1886).

3) Vergl. die Vorrede zu Heft 2 dieser Sammlung und Heft 4 S. 128 ff.

4) Vergl. Nachrichten aus d. Buchhandel 1894, Probenum. v. 17. Sept. S. 4 (= Börsenblatt f. d. dtsch. Buchh. 1894 N. 219 v. 20. Sept.).

5) S. vor allem seine „Vindiciae typographicae (Argentorati 1760) und aus früherer Zeit das „Programma quo typographiae a. 1440 inventae festum seo. ind. a. 1740" (in Commentationes hist. et crit. Basileae 1741 S. 557 ff.) und Mémoires de littér.... de l'acad. d. inscr. et bell. lettr. (1741—43) T. 17 (Paris 1751) S. 762 ff. („Diss. sur l'origine de l'imprimerie" vom J. 1740).

6) Die Geschichte d. Erfindung d. BDK. durch Joh. Gensfleisch gen. Gutenberg zu Mainz, pragmatisch aus d. Quellen bearbeitet... 3 Bde (Mainz 1830 f.).

7) Gutenberg: was he the inventor of printing? (London 1882). So entschieden ich J. H. Hessels' Standpunkt in der Frage nach dem Erfinder der BDK. bekämpfe, so wenig darf ich verkennen, dass das Buch, wenn auch keine kritische Leistung im höheren Sinne, doch mit grosser Sorgfalt gearbeitet und durch genaue Nachweise wertvoll ist.

8) Ein einzelner wichtiger Abschnitt aus dem Leben Gutenbergs hat in neuerer Zeit eine solche Bearbeitung erfahren durch Karl Schorbach in dem Aufsatz „Strassburgs Antheil an der Erfindung der BDK." (Zeitschr. f. Gesch. d. Oberrh. N. F. VII [1892] S. 578—655), in dem indess, wie schon der Titel besagt, die Geschichte der BDK. und nicht die Person G.'s eigentlicher Gegenstand der Untersuchung ist. Ihm gelang es übrigens, das vorhandene Material durch einige glückliche Urkundenfunde zu vermehren. — Auch auf meine Arbeiten in Heft 2 und 4 dieser Sammlung darf ich hinweisen (vergl. dazu Arth. Wyss in Centr. f. Bibl. VII [1890] S. 407—429).

9) In der Urkunde vom 4. Juli 1294 bei Schaab a. O. II S. 133 ff. wird (S. 134) eine Tochter (Gudele) der Schwester des weil. Herbord gen. Gensfleisch („quondam Herbordi dicti Gensfleisch") erwähnt.

10) Die von Schaab a. O. (Bd. II a. E.) gegebene „genealogische Stamm-tafel derer zum Gensfleisch" bedarf wesentlicher Berichtigungen. Namentlich geht die Linie, zu welcher Gutenberg gehört, nicht auf Peter, welcher vielmehr Stammvater derer Zur Laden wird, sondern auf Johann Gensfleisch zurück; Beide waren Söhne des aus dem J. 1332 erwähnten Friele zum Gensfleisch.

11) Zwei Urkunden, aus denen man auf drei weitere Geschwister Johanns, Bertha, Hebele und den früh (vor 1424) verstorbenen Bruder Konrad, schliessen musste, sind eine Fälschung des Mainzer Altertumsforschers Frz. Jos. Bod-mann († 1820) gewesen. Vergl. den Nachweis bei Schaab I S. 32—43, dessen zahlreiche Gründe indess z. T. sehr verschiedene Beweiskraft haben. Mit den Dokumenten täuschte Bodmann seine gelehrten Freunde Gotth. Fischer und Jér. J. Oberlin, die vermutlich über die Lücken in unserer Kenntniss von Gutenbergs Leben (vor 1430 und in den J. 1455—60) geklagt und um Nach-forschungen in den Mainzer Archiven gebeten hatten. Die eine Urkunde (von 1424) wurde von Oberlin, Essai d'annal. d. l. vie do J. Gutenberg (1801) S. 3 f. französisch und darauf von G. Fischer, Essai s. l. mon. typ. de J. Gut. (1802) S. 24 f. deutsch abgedruckt; die andere, datirt von 1459, ist von G. Fischer, Typ. Seltenh. I (1800) S. 42 ff. zuerst veröffentlicht (vergl. Oberlin a. O. S. 5 f. und Fischer, Essai d' annal. S. 46 ff.). Bodmann hatte sich viel-leicht nur einen Scherz erlauben wollen und auf den erreichten Erfolg gar nicht gerechnet. Nachträglich, d. h. nach der — ihm unerwarteten — Ver-öffentlichung der Schriftstücke, glaubte er schweigen zu müssen, um sich nicht blosszustellen und seine Freunde nicht zu erzürnen. Freilich fällt damit ein Schatten auch auf die Glaubwürdigkeit seiner sonstigen archivalischen Mitteilungen.

12) Vergl. Chronik. d. dtsch. Städte Bd. 17 S. 52.

13) Chronik. d. dtsch. Städte Bd. 17 S. 53 Anm. 2.

14) Er kann mit „Friele G. dem Jungen" gemeint sein, der 1421 unter den Mainzer „Hausgenossen" genannt wird, die eine Abmachung treffen mit dem Erzbischof Konrad (s. Schaab II S. 212), falls es nicht gar selbst der Vater unseres Johann G. ist.

15) Vergl. Aug, Saum (nach M. Brucker) im Bibliographe alsacien IV (1869) S. 202 und im ganzen K. Schorbach a. O. S. 583.

16) Von einem hervorragenden Kenner dieser Kunst, W. L. Schreiber, wird ein höheres Alter als die Mitte des 15. Jahrh. dem Holzschnitt abgesprochen (s. Centr. f. Bibl. XI [1894] S. 410).

17) Die näheren Nachweise über die ganze Angelegenheit finden sich bei Schorbach a. O. S. 584 ff. zusammengestellt und besprochen. Indess möchte ich nicht mit Sch. aus der zweifelnden Art, wie Schöpflin, Vind. typ. S. 17 (promissi, ut videtur, matrimonii causa) die Sache anführt, das Recht herleiten zu bezweifeln, dass Schoepflin richtig gelesen hat, sondern nur auf die Kürze und Unbestimmtheit der Randbemerkung schliessen. Unerklärt bleibt dabei immer noch Schoepflin's Nachricht Vind. Doc. S. 40 „Alibi legitur: dass diesen zoll gegeben habe Ennel Gutenbergen; sine anno". Die ganze Sache in das Reich der Fabel zu verweisen, weil wir nicht klar in ihr sehen, dazu sind wir m. Er. nicht berechtigt. Auch vermisse ich bei Schorbach noch den Nachweis, dass gerade in Strassburg der von ihm angezogene Rechtsgrund-

satz gegolten hat. In den verschiedenen Städten Deutschlands stand es damit
verschieden, wie Herr Collega F. Freusdorff mir nachweist aus Ed. Graf
u. M. Dietherr, Deutsche Rechtsprichw. (1864) S. 505. Auch nach G. L.
v. Maurer. Gesch. d. Städteverf. in Deutschland II (1870) S. 758 wurde dem
fremden Manne, welcher eine Bürgerstochter oder eine Witwe heiratete, dadurch die Erwerbung des Bürgerrechts nur erleichtert; die notwendige Folge
davon war sie aber nicht.

18) S. Arth. Wyss im Centr. f. Bibl. VIII (1891) S. 557 und K. Schorbach
a. O. S. 622. 625.

19) S. Schöpflin, Vind. S. 19; Doc. S. 21 ff.

20) K. Schorbach hatte das Glück im Strassburger Stadtarchiv (Fasc. IV.
78) eine Urkunde von 1441 aufzufinden, aus der hervorgeht, dass beim Tode
des Andreas Dritzehn (1438) sich in dessen Nachlass viele Edelsteine verschiedener Farbe vorfanden, welche eine Agnes Stosser entwendet hatte, aber auf
Klage des Jürgen Dritzehn wieder herausgeben musste. Natürlich denkt man
sogleich an die Kunst des Steinepolirens, welche ersterer von Gutenberg gelernt
hatte. Vergl. Schorbach a. O. S. 654.

21) In einer von K. Schorbach (a. O. S. 655) ermittelten Urkunde des
Strassburger Stadtarchivs (Fasc. V, 79), die sich gleich der in Anm. 20 erwähnten auf den Nachlass des Andreas Dritzehn bezieht, werden allerdings
„grosse und cleine bucher" erwähnt neben dem „snytzel gezug" und der
„presse", aber wir wissen nichts von der Herstellungsart dieser Bücher.

22) Vergl. über diese z. B. Chroniken d. dtsch. Städte Bd. 9 (= Strassburg Bd. 2) S. 962 ff.

23) Vergl. K. Schorbach a. O. S. 592. 594. Wegen der Doppelstellung
zu den Constoflern und zu der Zunft der Goldschmiede möchte ich auf eine
Stelle der Mainzer Rachtung von 1430 (Köhler, Ehrenr. S. 70) hinweisen, aus
der hervorgeht, dass die niederen Bürger, wenn sie die Macht dazu hatten,
Patrizier unter Umständen nötigten, „zünftig" zu werden, dass diese es aber
auch zuweilen freiwillig wurden. Es heisst dort: „Auch ist gerette, das die
Burgere von den Alten, ire erben, zu ewigen Dagen nicht pflichtig sin sollent,
noch gedrungen werden, zünfftig zu werden, sie wollen is dan mit willen
gerne dun." In beiden Fällen brauchten sie doch nicht aufzuhören, sich zu
den Standesgenossen zu halten.

24) Vergl. Schorbach a. O. S. 593. 595 und Chroniken d. dtsch. Städte
Bd. 9 S. 961 f.

25) Siehe H. Witte, Die Armagnaken im Elsass 1439—1445 (Strassburg
1889) S. 72 und K. Schorbach a. O. S. 596.

26) Bedenkt man, wie Gutenberg bereits in Strassburg für den Absatz
seiner in Menge hergestellten Erzeugnisse die aachener Heiligtumsfahrt in
Aussicht nahm, die geeignete kaufmännische Verwertung seiner Waren also
weislich zu erwägen wusste (s. S. 44 f.), so wird man wenigstens die Möglichkeit als naheliegend zugeben müssen, dass er auch in Mainz von vornherein an eine Benutzung der wichtigen und so nahen Frankfurter Messen
für den Verkauf seiner dortigen Drucke, vor allem seiner 42zeiligen Bibel,

-dachte. Die sehr wesentliche Frage des Absatzes der Bücher wurde doch wahrscheinlich zwischen ihm und Fust sehr früh erörtert, und Gutenberg musste schon, um ihn für seine Pläne zu gewinnen, alles ins Feld führen, was das Unternehmen aussichtsreich erscheinen liess. Auf diese Weise kann er es sehr wohl gewesen sein, der ausser dem Buchdruck auch dem Buchhandel den ersten richtigen Weg wies. Kapp, Gesch. d. BH. S. 450, nennt die mainzer Katastrophe von 1462 als den Zeitpunkt, seit welchem der frankfurter Messe auch Bücher als Handelsartikel zugeführt wurden. Durch jenes Ereigniss wurde aber vor allem der Bücherdruck gestört, und dessen Verlegung nach Frankfurt hat doch sicher nicht stattgefunden. Andrerseits wäre es wunderbar gewesen, wenn man nicht schon vorher zum Verkauf der Bibel (1455), des Psalteriums (1457 und 1459), des Catholicon (1460) und mancher kleinen Schriften. wie der Mahnung der Christenheit wider die Türken (1454/55), sich von Mainz aus des nahen Messplatzes Frankfurt bedient hätte.

27) Vergl. Heft 2 S. 37 ff. Einen Schoeffer'schen Einblattdruck von 1480 (Copia bulle extensionis indulgentiarum plenarie remiffionis pro tuitione [!] fidei catholice contra thurcos etc.), welcher zugleich die Durandustype (im Text), die Psaltertype von 1457 (im Textanfang) und die Type der 42zeiligen Bibel (in der Ueberschrift) aufweist, besitzt die Culemann'sche Sammlung in Hannover unter No. 417, ein Bruchstück davon auch in No. 402. Ein anderes, anscheinend vollständigeres Exemplar davon besitzt nach einer freundlichen Mitteilung des Herrn Dr. A. Heyer die Breslauer Stadtbibliothek. Jedenfalls ist zu beachten, dass bis jetzt nur von Schoeffer, nicht aber von Fust nach seiner Trennung von Gutenberg sich die Benutzung jener Type nachweisen lässt (vergl. Heft 2 S. 39). Es liegt daher die Möglichkeit vor, dass dem Fust der Apparat zwar als Pfand zugesprochen, ihm aber seine Verwendung untersagt wurde.

28) Vergl. Heft 4 der Samml. S. 13 f. 119 f. Jedenfalls geschah es vor 1461, aus welchem Jahre ein datirter bamberger Druck (mit der Pfistertype), Boner's Edelstein, stammt. Es ist aber nicht unwahrscheinlich, dass vorher (Ende der 50er Jahre) noch anderes dort gedruckt wurde, insbesondere das Ende der 36zeiligen Bibel, da die Provenienz der davon erhaltenen Exemplare gerade auf jene Gegend hinweist.

29) Meine frühere Annahme (Heft 4 S. 29), dass das einzige davon erhaltene, in der Pariser Nationalbibliothek befindliche Blatt zu einem kurzen Supplement der Bibel gehöre, gebe ich nunmehr auf.

30) S. Heft 4 S. 82 f.

Spiegelabdruck eines unbekannten Einblattes von G. Zainer in Augsburg (ein Calendarium liturgicum für 1473).

Bei der Durchsicht eines Augsburger Druckes von Günther Zainer aus dem J. 1472, *Isidorus Hispal.* E t y m o l o g. l. XX (Hain n.* 9273) im Besitze der K. Universitätsbibliothek zu Göttingen (Auct. cl. lat. 2330 in 2⁰),[1]) fielen mir auf Bl. 177a die deutlichen Spuren eines Spiegeldruckes auf, dessen Zeilen die jener Blattseite in vertikaler Richtung kreuzen. Es waren zweimal 24 Zeilen desselben Inhalts auf der Seite, woraus sich ergab, dass man es mit einem Einblattdrucke von der halben Grösse des ihn bewahrenden Buches zu thun habe, welcher der schnelleren Herstellung wegen gleich mehrmals gesetzt worden war. Auch das zugehörige Blatt 174 weist nämlich auf dem unteren Teile der Rückseite geringe Spuren desselben Spiegeldruckes auf. Bei der weiteren Untersuchung der interessanten Entdeckung gelang es mir folgendes darüber festzustellen.

Das Stück ist auf dem Raume eines ganzen Bogens (Doppelblattes) viermal neben- und untereinander gesetzt worden,[*]) wenn auch in dem uns erhaltenen Spiegeldrucke nur von drei verschiedenen Sätzen sich Spuren finden. Der Druck stammt,

---

[1]) Ich war mit der Beschreibung dieses Wiegendruckes für die von Herrn Geh. R. R. Prof. D z i a t z k o hier geleiteten bibliographischen Uebungen beschäftigt und habe in diesen den Gegenstand auch weiter behandelt.

[*]) [Ein Beispiel vierfachen Satzes desselben Textes auf gleichem Blatte findet sich in der C u l e m a n n'schen Sammlung von Einblatt-drucken zu Hannover No. 430 (Ablassbrief von 1488; vergl. auch No. 439), ein anderes von zweifachem Satz in der Darmstädter Hofbibliothek (J. 1169/62), ein Ablassbrief der *dioc. Narniensis* v. 1487. C. Dz.]

wie sich aus der Identität der Typen[1]) mit Sicherheit ergibt,
aus derselben Offizin wie Isidors Etymologiae, d. h. aus der von
G. Zainer in Augsburg. Die Zeit seiner Entstehung lässt sich
ungefähr bestimmen. Der Druck des Isidor wurde nach der
Schlussschrift Zainers am 19. November 1472 abgeschlossen.
Das Werk enthält im Ganzen 264 Blätter; Bl. 174 und 177,
nämlich diejenigen, die unseren Spiegeldruck enthalten, werden
einige Zeit, wenigstens doch mehrere Wochen, vor diesem Ter-
mine gedruckt sein, und etwa um dieselbe Zeit, aber doch
wohl etwas später, mag das Original unseres für das Jahr 1473
bestimmten Kalenders, der vor dem 1. Jan. in den Händen
der Curatgeistlichkeit einer ganzen Diöcese sein musste, aus
der Druckerei Zainers hervorgegangen sein.

Die Entstehung des Spiegeldruckes haben wir uns folgender-
massen zu erklären. Wahrscheinlich ist ein frischer Abzug
des Kalenders in der Druckerei bei Seite gelegt und dann ver-
sehentlich mit einem grösseren Packen schon bedruckter, aber
noch ungefalteter Bogen des Isidor beschwert worden, so dass
der unterste dieser Bogen die noch nassen Buchstaben des
Einblattdruckes zum Teil annahm. Später beim Zusammen-
legen und Heften der Bogen wurde die Beschädigung des
einen entweder ganz übersehen, oder wenn man sie wirklich bemerkte, so wurde der Bogen dennoch nicht makuliert, weil man
keinen Ersatz dafür hatte und nicht ein ganzes Exemplar des
Buches verlieren wollte. Die Möglichkeit ist indess nicht ausgeschlossen, dass ein reiner, noch unbedruckter Bogen mit
einem noch feuchten Abzug des Kalenders in der oben ange-
deuteten oder auch einer anderen Weise in Berührung kam
und Spuren dieser Berührung in Gestalt des Spiegeldruckes
empfing. Nachher könnte dann der also beschmutzte Bogen aus
Versehen beim Drucke des Isidor mitbenutzt worden sein. Diese
Annahme ist jedoch weniger wahrscheinlich, da man in diesem
Falle bei Entdeckung des Schadens viel eher den Bogen makuliert haben würde.

Wie bereits erwähnt, ist derselbe Text viermal gesetzt (a,
b, c, und [d]) und zwar jedesmal mit kleinen Abweichungen,

---

[1]) Es ist die Antiquatype, welche K. B u r g e r, Deutsche und italien.
Inkunabeln Taf. 1 anführt.

in der Anordnung der Wörter und Zeilen, aber auch in
Orthographie und Abkürzungen. Der Satz ist nicht besonders
sorgfältig. In der am besten zu entziffernden Columne, welche
den unteren Teil von Bl. 177 a einnimmt (im Originaldrucke
auf dem ganzen Bogen links oben) findet sich ein starker Druckfehler, Z. 1 f. scp/atugesimo statt scp/tuagesimo, ausserdem sind hier die Zeilen 7 u. 8 vertauscht. Schon deshalb
muss man, wenn auch das Übrige keine weiteren Druckfehler aufweist [1], annehmen, dass das Original unseres Spiegeldruckes
ein noch unverbesserter Correcturbogen war.

Da sich die Spuren der drei Columnen gegenseitig glück-
lich ergänzen, so ist es mir gelungen, den Wortlaut des Druckes
vollständig zu entziffern, einige kleine Stellen ausgenommen,
die ich durch zweifellos sichere Conjecturen ergänzt habe. Im
folgenden gebe ich den Text der Columne a [2] wieder. Die
Ergänzungen, die aus der Lesung der anderen Columnen stammen,
sind cursiv gedruckt und in Klammern eingeschlossen. Die
erwähnte Zeilenversetzung sowie der Druckfehler sind nach b
beseitigt, Komma und einfache Bindestriche von mir zugefügt.

Anno domini millesimo Quadringentesimo sep /
tuagesimo tcio· littera dominicalis· C. Aureus nu /
merus· XI. Interuallum nouem ebdomade et duo
dies. Septuagesima erit in die sancti valentini*)   *) 14. Febr.
5   Quadragesima erit in die victorini ppetuo*)   *) 7. März
      Festum pasce*) erit dominica ante georii†)   *) 18. Apr. †) 24. Apr.
      Festum sancti georii erit sabbato ante*) pasce. va-   *) post?
cantie stabunt, sed cum horis postponitur ad feria
terciam sequentem.

[1] Z. 22 sufragia statt suffragia darf man wohl kaum als Druckfehler gelten lassen; es wird schon in der Vorlage gestanden haben. Viermal
fehlt ausserdem das sonst angewendete Trennungszeichen (ein schräger Strich),
b Z. 1 septu/agesimo, a Z. 10 post/ponitur, b Z. 15 Inoi/pitar:
a Z. 22 cor/pore. Es ist aber in diesen Fällen wohl aus räumlichen Gründen weggelassen. Ueberdies vergl. wegen Z. 7 das auf S. 59 Bemerkte.

[2] Mit a bezeichne ich die Columne, welche in dem Originaldruck die
linke obere Ecke des ganzen Bogens eingenommen hat, im Isidorus auf Bl. 177 a
unten; b stand im Original rechts oben, im Isidorus auf Bl. 177a oben; c im
Original links unten, im Isidorus auf Bl. 174b unten. Von d, das im Original
die rechte untere Ecke ausgefüllt hat, sind im Isidorus auf Bl. 174b oben, wie
bereits erwähnt, keine Spuren sichtbar.

10 Festum sancti marci*) erit in octaua pasce, sed post- *) 25. Apr.
    ponitur in feriam quartam sequentem*) cum leta / *) 28. Apr.
    nia maiori
        Rogationes*) erunt dominica an*te* v*r*bani†) *) 23. Mai †) 25. Mai
        Festum penteco*stes*) erit do*minica post erami*†) *) 1. Juni †)3. Juni
15 Dominica *p̄ma* post octau[*am*] *pentecostes*) *Inci-* *) 20. Juni
    pitur historia. Deus omnium [*exaudito*]r, *p̄mus über*
    regum & omelia prima
        Octaua ·corporis cristi erit [*in die*] *sancti Johanis*) *) 24. Juni
    baptiste, sed anticipatur in vigil*ia*) cum horis. Et *) 23. Juni
20 omelia de vigilia legitur pro octa[*ua*] et nona lecti /
    onibus. Et processio octaue corporis cristi habet²
    in die sancti Johannis baptiste. Et sufragia de cor-
    pore cristi habentur in die sancti Johannis
    Aduentus domini*) erit dominica *ante andree*†) [.] *) 28. Nov. †) 30. Nov.

Ein Vergleich mit G r o t e f e n d , Zeitrechn. d. dtsch.
MA. (1891) Taf. 88 u. 89 ergibt, dass die Angaben des Ka-
lenders, von Z. 7 abgesehen, für das Jahr 1473 genau stimmen. Die
Daten der vorkommenden Feste und Heiligentage habe ich nach
Grotefend oben gleich hinzugefügt. Zur weiteren Erklärung des
Textes ist folgendes zu bemerken :

Z. 3: *Intervallum* bezeichnet hier den Zeitraum vom 1. Jan. bis Quadragesima, d. h. dem Sonntage *Invocavit* in den Fasten. — Z. 5: Ueber *victorini per-
petue* vgl. *Acta Sanct.* (1865) Mart. Tom. I S. 637 E. und Grotefend a. O.
II. 1. S. 4. — Z. 6. *georii* fällt in der Diöcese Augsburg auf den 24., sonst
meist auf den 23. April (s. Grotefend a. O. I S. 73b). — Z. 7: Die Stelle ist un-
klar. Nach Z. 6 fällt, was richtig ist, Ostern auf den Sonntag vor Georg, d.
h. auf dem 18. April. Nach Z. 7 fällt im Widerspruch damit Georg auf den
Sonnabend vor Ostern (17. April). Entweder muss es also in Z. 7 statt *ante:*
post heissen, oder es ist nach *pasce* das Wort *octavam* ausgelassen. Da übrigens
auch in Col. *b* diese Stelle ganz deutlich ist und mit *a*, abgesehen von der erwähnten Zeilenvertauschung, genau übereinstimmt, so muss der Fehler sich
schon in der schriftlichen Vorlage des Druckes befunden haben. — Z. 7 f.:
vacantie stabunt ist in Parenthese zu denken. Was für *vacantiae* gemeint
sind, ist nicht recht deutlich, anscheinend eine auf den Tag fallende Befrei-
ung von einer kirchlichen Pflicht, die trotz der Verlegung des Georgsfestes be-
stehen bleiben soll. — Z. 8 f.: Das Georgsfest wird also, wenn obige Vermutung
richtig ist, auf Dienstag, den 27. April verlegt. — Z. 13: *Rogationes*, die
für den Sonntag *Rogate* vorgeschriebenen Gebete. — Z. 15 ff.: Vgl. Grotefend
a. O. I S. 34 b. — Z. 17 ff.: Die Fronleichnamsoctave fiel im J.
1473 mit dem Feste des hl. Johannes zusammen und soll deshalb schon am
vorhergehenden Tag gefeiert werden. Die ursprünglich für diese Vigil zu le-
sende Homilie soll aber nicht ausfallen, sondern anstatt der 8. u. 9. Lektion

gebetet werden. Durch diese Bestimmung wird der Johannistag für eine andere
kirchliche Feier frei, die in Gestalt der Prozession und Suffragien[1]) für die
Fronleichnamsoctave angeordnet wird. — Z. 24: Dass die Angabe über den Ad-
ventstag gerade am Ende steht entgegen dem jetzigen Gebrauch, nach dem das
kirchliche Jahr mit Advent beginnt, kann nicht weiter auffallen, da der Verfasser unseres Kalenders sich ja überhaupt in der Anordnung desselben nach
dem sog. bürgerlichen Jahre gerichtet hat. Das zeigte sich schon oben Z. 3
bei Berechnung des *intervallum* (s. S. 59), da dieses gewöhnlich die Wochen
vom Christtag bis auf den Weissen Sonntag bezeichnet (vgl. Grotefend a. O.
I S. 210a).

Aus dem Inhalt ergibt sich, dass wir einen kirchlichen
Festkalender für das J. 1473 vor uns haben, wohl den ältesten
dieser Art, der sich freilich nur im Spiegeldruck erhalten hat.
Anfragen an die Bibliotheksverwaltungen von München. (Hof-
und Staatsbibl.), Nürnberg (Bibl. d. Germ. Museums) und Berlin
(Königl. B.), ob sie diesen Einblattdruck etwa besässen, führten
zu einem negativen Resultat.[2]) Die Münchener Hof- und
Staatsbibliothek besitzt den ebenfalls von Z a i n e r herrührenden
weltlichen lateinischen Kalender für das J. 1472 (B u r g e r a.
O. Taf. 1). Dieser ist aber ein von dem Drucker ausgehendes
Unternehmen von allgemeinem Interesse, für alle Kreise der
Bevölkerung bestimmt. Er ist ausführlicher und enthält neben
dem eigentlichen Kalender noch allerhand astronomisch wissens-
würdiges und namentlich die in älteren Kalendern sehr gewöhnlichen Angaben medicinischer Art, wann es gut ist, sich
zu schröpfen, zu Ader zu lassen, Medicin zu gebrauchen u.
dergl. Diese Dinge machen sogar den grössten Theil dieses
Einblattdruckes aus. Ausserdem hat der Drucker seinen
Namen und den Druckort, dazu den Anlass seines Unternehmens,
„*ne Italo cedere videamur*"[3]) hinzugefügt. Nichts von alledem
findet sich in unserem Drucke.

Nur für einen beschränkten Kreis von Benutzern ist er
bestimmt und enthält Angaben, die nur für diesen Kreis von
Wert sind. Wir haben es hier jedenfalls mit einem sog. Ac-
cidenzdrucke zu thun, der nicht in den Handel kam und nur

---

[1]) Vergl. Grotefend a. O. I S. 60b.

[2]) Eine Anfrage bei der Augsburger Stadtbibliothek blieb unbeantwortet.

[3]) Vermutlich wurden also in Italien zuerst solche Einblatt-Kalender
gedruckt.

an die interessierten Personen, nämlich die Geistlichen, verteilt
wurde.

Der jetzt gebräuchliche technische Ausdruck für solche
kirchliche Festkalender ist Directorium,[1] auch Calen-
darium liturgicum, Ordo divinus oder Ordo divini
officii. Der Gebrauch dieser Directorien ist ziemlich alt. Da
es in der frühesten Zeit keine gedruckten Kalender gab, so
mussten die Geistlichen eine Anweisung haben, nach der sie
sich bei der Feier der kirchlichen Feste in ihren Gemeinden
richten konnten. Diese Anweisung wurde anfangs mündlich
erteilt, und zwar am Feste Epiphaniae durch den Bischof, der
seinerseits Instruction durch den Metropolitan erhielt, an die
Vorsteher der einzelnen Gemeinden. Später bediente man sich
geschriebener Formulare[2]), die alljährlich durch den Diözesan-
obersten approbiert und an die niedere Geistlichkeit ver-
schickt wurden. Eine jede Diözese hatte natürlich ihr eigenes
Directorium, da einzelne kirchliche Feste in verschiedenen
Gegenden zu verschiedener Zeit und auf verschiedene Weise
gefeiert werden. Ja sogar in jeder einzelnen Kirche wurde
und wird noch heute das Diözesan-Directorium oft durch-

---

[1] Vgl. Wetzer u. Welte's Kirchenlex. 2. Aufl. III S. 1817 ff.

[2] Es gab solche kirchliche Anweisungen der verschiedensten Arten. So
besitzt die Göttinger Bibliothek einen kleinen handschriftlichen Zettel aus dem
Ende des 15. Jahrh., welcher die Bedingungen vorschreibt, unter welchen man
sich im Michaelskloster zu Hildesheim Ablass verdienen konnte. Das am linken
Rande nicht ganz vollständige Schriftstück fand sich ebenfalls in einer Inkunabel vor, in einem undatierten Drucke (von H. Eggestein in Strassburg?)
Lombardica Historia sanctorum (Sign: H. e. sanct. 5 a in 2°) und lautet (mit
Auflösung der Abkürzungen. Zufügung der Interpunctionen und kleinen Aen-
derungen in der Schreibung).

Indulgenciae ad sanctum mychaelen in hyldensem.

*[In] festo sancti michaelis quando celebratur dedicacio templi hylden-
seme sunt indulgencie de quolibet patrono XL dies indulgenciarum | . . . ma
karena. hij sunt vero patroni: sanctus michael archangelus cum tota celesti
milicia. Item de XXV altaribus de | quolibet altari illorum XIIII anni et
XVI karene et hec indulgencie durant per IX dies. Item cardinalis nicolaus ||
de cusa dedit ad presentem festiuitatem C dies indulgenciarum. Item de
uisitacione sepulcri sancti barwardi LXXX || dies indulgenciarum et due
karene. Et omnes benefactores huius monasterii erunt participes bonorum
operum que fiunt in CCCLXXVI claustris ordinis sancti benedicti abbatis.*

brochen durch Occurrenz und Concurrenz von Festen localen
Characters, die dann der Pfarrer an passender Stelle in das
betreffende Directorium einzugliedern hat.

Unser Druck erinnert ferner[1]) durch seine ersten Zeilen
an eine andere kirchliche Einrichtung, nämlich an die Praxis
der sog. Osterkerzen-Inschriften[2]). Die chronologischen
Notizen, die alljährlich auf die Osterkerzen geschrieben oder
ihnen angehängt waren, wurden nach der Erfindung der Buchdruckerkunst auf eine bequemere Weise verbreitet und den
gedruckten Directorien beigefügt.

Die auffällige Kürze der Angaben unseres Kalenders — es
sind im ganzen nur 11 Festanweisungen gegeben — macht es
wahrscheinlich, dass das Directorium für einen grösseren kirchlichen Bezirk und nur für das einzelne Jahr bestimmt war.
Die Geistlichen der einzelnen Kirchen hatten dasselbe nach
Ortsgebrauch zu erweitern. Ausserdem fand es seine Ergänzung
in allgemeinen, bereits in den Händen der Geistlichkeit befindlichen Directorien. Natürlich sind nur die beweglichen Feste
angeführt mit Ausnahme des festen Marcusfestes, dessen Feier
aber ausdrücklich verlegt wird.

Verschiedene Umstände lassen erkennen, das unser Druck
für die Augsburger Diözese bestimmt war. Schon der Druckort macht dies wahrscheinlich. Bestätigt wird diese Annahme
dadurch, das in unserem Kalender ein St. Victorinus zusammen
mit St. Perpetua als Namensheiliger für den 7. März aufgeführt
wird, was nur in der Augsburger Diöcese üblich war[3]); vergl.
auch das oben zu Z. 6 über das Datum des Georgstags Bemerkte.

Wie bereits erwähnt, ist von unserm Spiegeldrucke, so
weit wir wissen, kein wirkliches Druckexemplar vorhanden.
Noch weniger als bei den Einblattdrucken anderen Inhalts
wurde auf die Erhaltung dieser lediglich kurzdauerndem praktischen Zwecke dienenden Blätter von irgend einer Seite Wert
gelegt. Die Göttinger Bibliothek besitzt noch ein ähnliches Stück,
einen Mainzer Einblattdruck von Peter S c h ö f f e r, den sie

---

[1]) Nach der gütigen Mitteilung des Herrn Archivrats H. G r o t e f e n d in
Schwerin an Herrn Prof. D z i a t z k o.

[2]) Vgl. Wetzer und Welte VII S. 885.

[3]) Vgl. Grotefend a. O. II, 1 S. 4 ff.

der Güte des Herrn Archivrats H. G r o t e f e n d in Schwerin als Geschenk verdankt. Dieses Stück ist viel umfangreicher als das Zainersche; es hat 57 Zeilen engen Druckes (Durandus-type) mit bedeutend grösserem Festverzeichniss. Es beginnt mit den Worten: *In nomine domini Amen. Ordo diuinus sic erit seruandus.* Es scheint nicht für ein bestimmtes Jahr angefertigt zu sein, darum fehlt auch jegliche Jahresbezeichnung. Nach Ermittelung des Herrn Archivraths G r o t e f e n d stammt es vom Jahr 1488/89 oder eher von 1494/95. Ein wesentlicher Unterschied von dem Zainerschen Druck besteht auch darin, dass die Aufzählung der Feste nicht mit dem Beginn des bürgerlichen Jahres, sondern mit Mariae Geburt (8. September) anfängt. Das Exemplar ist übrigens leider auf der rechten Seite stark verstümmelt.

Ausserdem macht Herr Archivrath G r o t e f e n d noch auf ein anderes viel älteres und sehr umfangreiches Stück einer kirchlichen Anweisung aufmerksam, einen „*Libellus, quo Aquilejensi in Ecclesia Festivitates olim edebantur. Saecul. XIII*", abgedruckt in Frid. A l t h a n i, *De Calendariis . . . et spec. de Calendario ecclesiastico dissertatio. Venet. 1753* S. 280—300. Es enthält eine handschriftliche Zusammenstellung von jedesmal auf eine ganze Woche bezüglichen Vorschriften, die der Vorsteher der Kirche zu Aquileja jeden Sonntag den Geistlichen bekannt machte.

G ö t t i n g e n.

Phil. Losch.

Zur altpreussischen Buchdruckergeschichte.

1492 — 1523.

Verhältnismässig spät, man kann sagen erst mit der Einführung der Reformation, hat die Ausübung der Buchdruckerkunst in dem nordöstlichen Gebiete deutscher Kultur, im alten Ordensland Preussen, eine dauernde Stätte gefunden und Bedeutung für das geistige Leben des Landes erlangt. Für die kleinen Kreise von Kloster- und Weltgeistlichen und von Juristen, in denen, wie die erhaltenen Reste damaliger Bibliotheken beweisen, in dem letzten Drittel des 15. Jahrhunderts ein gewisses Interesse für Bücher bestand, genügte, was der regelmässige Verkehr mit Mittel- und Süddeutschland an Druckerzeugnissen herbeiführte, oder was die Studierenden von Leipzig und Bologna, einige Abgesandte auch aus Rom mitbrachten. Eigene Produktivität oder auch nur allgemeinere Theilnahme an der Litteratur, die den Betrieb der Buchdruckerei im Lande selbst lohnend gemacht hätte, fehlte gänzlich.

Trotz dieser ungünstigen Verhältnisse sind im letzten Jahrzehnt des 15. Jahrhunderts zweimal Drucker in Preussen thätig gewesen. Begreiflicherweise ist es aber beide Male bei einem kurzlebigen Versuche geblieben und von dem einen wie dem andern giebt nur ein Druck, jeder noch dazu nur in einem Exemplar erhalten, uns Kunde. Länger hat anscheinend die Danziger Druckerei bestanden, als deren Inhaber wir 1522—24 Hans Weinreich kennen lernen. Aber auch sie hat so geringe Spuren hinterlassen, dass vor G. Löschin (1840)[1] von ihrer Existenz

---

[1] Geschichte der Danziger Buchdruckereien (Einladungsschrift zur Feier des 4. Säkular-Jubiläums der Erfindung der Buchdruckerkunst). Danzig 1840. 4. S. 4.

Ein liedt wie der Hochmeister in preusen Mariam anruft.

Ale es eyt vorleyhe mir herre mein/ durch tode vnd peyn
die du erleden hast durch mich/ Das ich vorbienge den
willen dein/ vnd gib mir eins/ das ich niche handel wyder
dich/ Do ezu hilf mir du höchste mage/ der alle welde ezu
fusse stot/ den yr wirde gantz keyn beth vorsagt/ yr rede
behaget dem ewigen got/ In noch verlas mich frauwe niche
ist all mein beth.

¶ Brecht ich ezu gut mit deiner hilf/ do noch ich hoff/ vnd al
le mein hoffnung setz ezu dir/ Los dir die sache beuolen sein/
sych trewlich darein/ vnnd kom ezuhilffe in nöten schir/ Ach
frauw wie magstu erdolden gar/ so gros vnreche an deinem
lande/ ich bitte deine hülf nicht lenger spar/ mir hilf vorwar/
als ich vortrauwe/ dir mage vnd frauwe/ dan solchs stehes in
deiner hande.

¶ Deutsch ich dich ermanen thu/ frauw schick mir ezu/ dein
gnade vnnd gunst ezu aller stunde/ Dhweyl dich der handel
selbst berürt/ vnd mir gebürt/ ezu loben dich mit hertz vnnd
munde/ Du bist die frauwe vnd ich der knethe/ dein lieber son
der herre mein/ O herre vnd frauwe mich nicht vorschmieher/
vnd halt bey recht dein Ritterschafe/ vorleyhe vns krafe/ den
lande vnd leute ist eygen dein.

¶ Ordens do hyn aus deiner gewale/ der manichfale/ dir von
deinem kynde vorlyhen ist/ Das yedem bleybt das ym gehöre
vnnd vnuorstöre/ niche mehr ich gehr ezu aller frist/ Do ezu
vorleyhe mir kraft vn mache/ vnd stehe mir bey biß an mein
end/ das nicht so kleglich wirde voracht dein dynst vnd rache
in solcher weyß/ wie noch mit fleyß/ die Kyrchen beraube ei
nes seyles vorbiene.

¶ Noch vber alle engel thron/ bistu gantz schon/ gesetzet du
keusche iungkfraw seyn/ In demuth ich dich mag vormanen
sych gnedigt an/ dein eygenthum vnd stehe mir bey/ Ob ich
dich wol erzoineth hab/ los mich doch yetze entgelden nicht/
vnd nym ezu gnade dein vnderthan/ all ordens man/ yr leyb
vnd gut hab yetze in hut/ vnd halt vns alle in deiner pflicht.

¶ Meyster herre got vn schepffer gut/ mit deinem teuren blue
das vor vns alle vorgossen ist/ Speyse mich in letzten ende/
wen sich guerren/ das leben mein in solcher frist/ Kum mir
ezu trost iungkfraw klar/ behüt mich vor des teuffels kquol/
dergleychen aller heyligen
schar/ nem auch mein war
mir ewer beth verlost mich
nicht/ vn habe in hut mein
arme sele.

In Preusen
Marggraff ezu
Brandenburgk

überhaupt nichts bekannt war und dass dieser selbst nur eine
einzige kleine Drucksache, das unten zu besprechende Rundschreiben des Raths von 1520, von ihr nachweisen konnte. In
den politischen und religiösen Wirren, unter denen Danzig in
der Mitte der zwanziger Jahre schwer zu leiden hatte, würde
vielleicht auch diese Druckerei zu Grunde gegangen sein, wäre
sie nicht vorher nach dem geistig aufstrebenden Königsberg
übergesiedelt, wo sie zunächst ein wichtiger Faktor bei der Durchführung der Reformation und dann ein unentbehrliches Hilfsmittel der neu begründeten Universität wurde.

Die Bearbeitung einiger glücklichen neuen Funde aus
Weinreichs Danziger Zeit, die nicht nur über seine dortige
Druckerthätigkeit Licht verbreiten, sondern auch an sich von
sachlichem Interesse sind, ist mir Veranlassung gewesen, zugleich die erwähnten preussischen Drucker des 15. Jahrhunderts
in den Bereich der Untersuchung zu ziehen. Wenn sich auch
direkte Beziehungen zwischen ihnen und Weinreich nicht sicher
haben nachweisen lassen, wird es doch nicht unnütz sein, dieses
Vorstadium der altpreussischen Buchdruckergeschichte im Zusammenhang zu betrachten.

Für die Kleinheit der Anfänge ist es bezeichnend, dass der
erste preussische Drucker diese Kunst nur nebenbei betrieb.
Es war ein Goldschmied, Jakob Karweysse in Marienburg. Von seinen Lebensumständen ist allein überliefert, dass
er 1476 Bürger dieser Stadt wurde[1]), doch kann man wenigstens mit Sicherheit sagen, dass er einer einheimischen Familie
angehörte. Karweze (Karwesze) war der Name eines Dorfes im
Gebiete von Marienburg,[2]) dem 1405 vom Hochmeister Konrad
von Jungingen die 1339 verliehene Handfeste bestätigt wurde.
Im 18. Jahrhundert kam der Familienname, wie Hanow mit-
theilt,[3]) in Danzig vor.

Das Werk, durch das uns überhaupt seine Thätigkeit als

---

[1]) Eine Durchsicht der im Königsberger Staatsarchiv befindlichen Schöffen-
bücher von Marienburg hat keine weiteren Aufschlüsse über ihn ergeben,
während andere Goldschmiede theils als Schöffen, theils als an den Verhandlungen betheiligte Personen in grösserer Anzahl vorkommen.

[2]) Diesen Nachweis verdanke ich Herrn Archivassistenten und Stadt-
bibliothekar Wittich in Königsberg.

[3]) Nützliche Danziger Erfahrungen, 1741. 8. Monat.

Drucker bekannt ist, ist das vom Domherrn Johannes Marienwerder im Aufang des 15. Jahrhunderts verfasste deutsche
Leben der Klausnerin Dorothea von Marienwerder, die, obgleich sie nicht die förmliche Kanonisation erlangt hat, als
Patrona Prussiae gilt. Von diesem 1492 vollendeten Druck
waren im vorigen Jahrhundert noch zwei Exemplare vorhanden,
eins in der Thorner Gymnasialbibliothek, das andere im Besitz
des Buchhändlers Knoch in Danzig. Letzteres, das von Theod.
Christoph Lilienthal[1]) benutzt wurde, ist seitdem verschollen,
das erstere kam aus der Thorner Bibliothek abhanden, gelangte
in die Zaluskische Bibliothek in Warschau und mit dieser in
die Kaiserliche öffentliche Bibliothek in St.-Petersburg. Da von
der einzigen Handschrift des Dorotheenlebens (Königsberg, K.
u. U.-Bibl. Ms. 1128) die zweite Hälfte durch Ausschneiden der
Blätter verloren gegangen ist, bildet für diesen Theil das Peters-
burger Druckexemplar die einzige alte Quelle. Wegen dieser
seiner Bedeutung ist es mehrfach beschrieben und von preussischen Historikern benutzt worden,[2]) wobei jedoch die typo-
graphische Seite mehr als billig vernachlässigt worden ist. Dem
bereitwilligen Entgegenkommen der Verwaltung der Kaiserlichen
Bibliothek, die den werthvollen Druck nach Königsberg gesandt
hat, verdanke ich es, dass ich die Beschreibung nach dieser
Richtung hin zu ergänzen und eine Druckprobe in Nachbildung
mitzutheilen vermag.

Der Band (kl. 8°) zeigt noch den alten vielleicht in Marienburg selbst angefertigten Einband (15 × 10 × 5 cm.): Holz-
deckel mit röthlichem Kalblederüberzug, gepresst mit einem
rautenförmigen Stempel mit dem Monogramm *Jesus*. Der Ueber-
zug ist an einigen Stellen ausgebessert, die Innenseite der Deckel
und die Vorsatzblätter von Pergament erneuert. Die erste
Lage hat von Feuchtigkeit stark gelitten und namentlich das
Titelblatt, das auch sonst sehr gewaltsam behandelt worden zu
sein scheint, ist mehrfach ausgeflickt, auch Schrift und Zeichnung
nachgezogen. Auf demselben sieht man die Reste der grössten-
theils ausradierten handschriftlichen Einzeichnung, die nach dem

---

[1]) Historia beatae Dorotheae, Dantisci 1744. 4.
[2]) Vgl. Scriptores rer. Pruss. Bd. 2. 1863. S. 197—350; die ausführlichste
Beschreibung bei Minzloff, Neue Preuss. Prov.-Blätter 2. F. Bd. 9. 1856. S. 379—381.

„Gelahrten Preussen" Th. 3. 1723. S. 126 lautete: „Bibliothecae Thorunensi donavit D. Petrus Jaenichius Medicus Anno 1620. Non. April." Das Werk enthält 232 nicht numerierte Blätter (beschnitten 14×10 cm.) in 29 Lagen mit den Signaturen a—z und 2l—f); keine Kustoden. Die voll bedruckten Seiten enthalten 22 Zeilen von 66 mm. Länge. Die Initialen der Kapitel sind in ausgesparten Stellen klein vorgedruckt, das Exemplar ist rubriciert. Das Papier ist ungleichmässig und zeigt 10 verschiedene, besonders gegen Ende öfter wechselnde Wasserzeichen, darunter das Einhorn in 3, den Ochsenkopf in 2 abweichenden Formen, ferner Hand, durchstrichenes p, Rad (?) und zwei andere nicht erkennbare Zeichen.

Bl. 1a (ohne Sign.): *Des [!] leben der zeligen/frawen Dorothee clewsenetynne in der / thumkyrchen ezu Marienwerdir des lan / des ezu prewßen //* Bl. 1b Holzschnitt von 72 (—75)×122 mm., die heilige Dorothea in wallendem Mantel, in der Rechten einen Buchbeutel, in der Linken einen Rosenkranz haltend, durch fünf Pfeile Wunden empfangend. In dem getäfelten Fussboden ist, wahrscheinlich infolge von Beschädigung des Blattes, nicht das Monogramm K (= Karweysse) sichtbar, das die nach dem Danziger Exemplar angefertigte ziemlich schlechte Nachbildung bei Lilienthal a. a. O. und ein vermuthlich identischer Holzschnitt im Kopenhagener Kupferstichkabinet [1]) aufweist. Bl. 2a (Sign. aj) Zeile 1—4: *Hir hebet sich an dy rotrede des buch'es von dem leben der zeligen frawen Do-/rothee clewsenerynne in der thum kirchen / ezu marienwerder des landes ezu prewsen* ' Schluss Bl. 232a:

Hy endet sich das leben der yeligin frawen
Dorothee clewsenerinne zu Marienwerdir im thume des stiftis pomesan im lande
zu preußen

Gedruckt vnde volendit in der stat marien
Borck durch mich Jocop Karweyße golt-
smyd. den dingstag noch gregory. alß man
zelete . M . cccc . vnde . czu . lob sey gote

') W. L. Schreiber, Manuel de l'amateur de la gravure sur bois etc. T. 1. 1891. Nr. 1014. hier fälschlich als „Vierge de douleur" bezeichnet.

Dass die fehlerhaft gedruckte Jahreszahl als 1492 gelesen werden muss, unterliegt keinem Zweifel und ist, nachdem man vorher an 1512 oder gar 1462 gedacht hatte, anerkannt worden, sobald man 1476 als das Jahr, in dem Karweysse Bürger geworden ist, kennen gelernt hatte. Das angegebene Datum entspricht dem 13. März.

Die erste Zeile des Titels zeigt Buchstaben in Missalcharakter. Wäre die zweite Hälfte der Zeile nicht moderner Ausbesserung dringend verdächtig, so würde mit Bestimmtheit zu behaupten sein, dass nicht gegossene Buchstaben verwendet sind, sondern dass die Zeile mit der Hand in Holz oder Metall geschnitten ist. Auch so bleibt es einigermassen wahrscheinlich, da diese Schriftart im ganzen Werk, auch bei den Buchanfängen, nicht wieder vorkommt.

Im Uebrigen ist nur eine einzige Schriftart (Kegelhöhe 4,4 mm.) angewandt, von der die obige Probe und die nachstehende mittelst Durchzeichnung hergestellte Abbildung der Versalien und einiger Abkürzungen eine ausreichende Anschauung giebt.

Die Schrift neigt sich, wie man sieht, dem Schwabacher Charakter zu, der sich namentlich seit der zweiten Hälfte der achtziger Jahre entwickelt zu haben scheint. Dadurch ist zugleich eine Zeitgrenze gegeben, über die wir die Anlage der Karweysseschen Druckerei nicht zurücklegen dürfen. Von dem Goldschmied ist von vorn herein anzunehmen, dass er die Stempel für seine Type selbst geschnitten haben wird. Vielleicht war gerade eine derartige Beschäftigung, die ja überhaupt die zahlreichen Beziehungen zwischen Goldschmieden und Buchdruckern der ältesten Zeit geschaffen hat, für Karweysse die Veranlassung sich auch die übrigen Handgriffe des Buchdrucks anzueignen. Mag das nun geschehen sein, ehe er sich als Bürger in Marienburg fest niederliess, oder auf einer späteren Reise ins Reich, schwerlich hat es vor 1490 einen Druck gegeben, der ihm die Vorlage gerade für diese Schriftart hätte liefern können. Thatsächlich habe ich in dem mir vorliegenden allerdings sehr beschränkten Material keine Type

gefunden, die näher verwandt wäre, als die des Martin Landsberg (Martinus Herbipolensis), der seit 1490 in Leipzig druckte.
Die Uebereinstimmung ist schon ersichtlich aus seinen ver-
breiteten lateinischen Drucken (als ältester ist hier der von
Cicero's Paradoxa 1492 vorhanden), noch mehr aber aus dem
in der Vorrede 1490 datierten deutschen Druck von Johann
von Paltz (Valtz), Hymelisch Funtgrub, von dem ich das Exemplar der Berliner Königlichen Bibliothek benutzen konnte.
Besonders bemerkenswerth ist, das sich bei diesem die
Uebereinstimmung nicht nur auf die Texttype, sondern auch
zugleich auf die Titelschrift (namentlich das grosse *D*) er-
streckt. Von ersterer zeigen die Versalien durchweg dieselben
Formen, zusammengesetzt aus dem „Schwabacher" und dem
älteren Schriftcharakter. [1]) Prinzipiell verschieden ist nur
Karweysses *F*, aber gerade dieses findet sein genaues Vorbild
in Landsbergs Titeltype. Unter den kleinen Buchstaben, die
fast durchaus dieselbe Grundform haben, ist das übereinstimmende
b mit der Schleife neben einfachem *l* und *h* hervorzuheben, da
in anderen gleichzeitigen Schriften die Schäfte dieser drei Buchstaben gleichmässig gebildet zu sein pflegen. Von den Abkürzungen fand ich nur die für *er* nicht bei Landsberg, der
überhaupt nicht so ausgedehnten Gebrauch von ihnen macht
wie Karweysse. Dagegen ergeben sich wieder schlagende Pa-
rallelen in Nebendingen, wie der Anbringung eines Holzschnittes
auf der Rückseite des Titels, während die Unregelmässigkeit
in der Anwendung des Trennungszeichens und der Interpunktion[2]) vielen Druckern derselben Zeit gemeinsam ist.

Wenn wirklich Landsbergs Schrift die Vorlage für Karweysse war, so hat dieser sein Muster allerdings bei weitem
nicht erreicht. Es fehlt die Schärfe des Schnitts, die Rundung
und der gefällige Wechsel zwischen starken und schwachen
Theilen. Einige kleine Buchstaben, wie *f* und *w* müssen gerade-
zu als misslungen bezeichnet werden, ebenso ein öfter vor-
kommendes ganz schmales *i*.

---

[1]) Merkwürdigerweise haben die Formen von K und K die Bedeutung
vertauscht.

[2]) Karweysse kennt nur das Punktum, das wie bei Landsberg auch bei
Satzschluss sehr häufig nicht gesetzt wird; letzterer hat allerdings ab und zu
auch den schrägen Strich und oft ⸗.

Ausgeschlossen ist aber auch nicht, dass ihm eine andere
sehr ähnliche Schrift vorlag. Zeitlich könnte diese jedoch von
der „Himmlischen Fundgrube" nicht weit entfernt sein und
es würde immer bei dem Ergebnis bleiben, dass vor 1490
Karweysses Druckerei nicht wohl angelegt sein kann. Höchst
wahrscheinlich war das im Frühjahr 1492 beendete Leben der
heiligen Dorothea sein erster grosser Druck. Aus seiner
geringen Uebung erklären sich auch andere Mängel des Werkes:
die sehr häufigen Druckfehler, die vielen Verschiebungen der
Buchstaben aus der Zeile (wenn man nicht annehmen darf, dass
ein Theil in verschiedener Höhe auf den Kegeln sass), endlich
auch die Ungleichmässigkeit im Einschwärzen der Form und
im Abdruck.

Für ein so umfangreiches Werk war überhaupt sein Apparat
kaum eingerichtet. Er musste in halben Bogen drucken, vermuthlich weil seine Presse nicht grösser war, denn die Herstellung der nöthigen Typen würde ihm keine Schwierigkeiten
gemacht haben. Ebenso überstieg wohl die Beschaffung des
Papiers etwas seine finanziellen Kräfte: nur die ersten Lagen
zeigen das gleiche Wasserzeichen, später wechselt es oft und
es sind sogar halbe Bogen von ganz augenfällig verschiedener Beschaffenheit in einander gesteckt. Man darf deshalb auch
annehmen, dass die Auflage sehr knapp bemessen war und
dass infolge dessen das Buch bald anfing selten zu werden.
Der bücherliebende Bischof von Pomesanien Paulus Speratus
(1530-51) scheint es nicht mehr im Umlauf gefunden zu haben,
sonst würde er es sicher wie so manche andere Inkunabel für
seine Bibliothek, die später in den Besitz Herzog Albrechts
überging, erworben haben. Auch sein Vorgänger, Erhard
Queiss, von dessen Büchern ein Inventar erhalten ist, besass
es nicht.

Wie lange Karweysse als Drucker thätig gewesen sein und
was er sonst gedruckt haben mag, entzieht sich jeder Vermuthung. Auf der letzten, leeren Seite des Dorotheenlebens
hat eine Zeile, die zur Unterstützung des Bogens eingesetzt
war, einen blinden Eindruck hinterlassen. Sie besteht nicht,
wie vielfach in solchen Fällen, aus beliebigen dem Setzkasten
entnommenen Buchstaben, sondern scheint in der Grösse der

Titelschrift das Wort *Maria* zu enthalten. Das weitere ist
nicht erkennbar, ebensowenig lässt sich unterscheiden, ob
Typen oder nur ein Metallschnitt vorliegt, aber jedenfalls war
die Zeile zum Abdruck bestimmt.

Nicht mit Karweysse in Zusammenhang steht die Druckerei,
von der wir durch ein aus dem Kloster Oliva stammendes
Exemplar einer „Agenda sive exequiale divinorum sa-
cramentorum" Kunde haben, das der polnische Bibliograph
J. S. Bandtke[1]) in der Bibliothek des Grafen Ossoliński in
Wien fand und das jetzt im Ossolińskischen Institut in Lemberg
aufbewahrt wird. Das Buch hat mir leider nicht zur Einsicht
gesandt werden können, da es gegenwärtig nach Krakau ver-
liehen ist, aber durch die Freundlichkeit des Benutzers Herrn
Dr. Fijalek habe ich die photographische Abbildung einiger
charakteristischen Stellen erhalten, nach der ich die Schlussschrift hier wiedergeben lasse:[2])

Jmpzeſſum in Gdano per me: Con:
radum bomgharten: Anno dñi mil
leſimo quadzingenteſimo nonageſ
monono:.   Et finitum eſt ſecunda
feria ante feſtum barnabe.

Konrad Baumgarten gehörte zu den wanderlustigen
Vertretern seiner Kunst. Nachdem er am 10. Juni 1499 in
Danzig die Agenda beendet hatte, finden wir ihn schon 1500
in Olmütz, wo er einen Druck vom 29. Okt. datiert, 1503 in
Breslau, 1506 in Frankfurt a. O., wo er im ersten Jahr der
Universität als Conradus Baumgartner de Rotemberg (auch sonst
nennt er sich bisweilen Rottenburgius oder de Rothenberga) bei
der Natio Franconum immatrikuliert wird.[3]) Als seine Heimath

---

[1]) Historya drukarn w krolestwie Polskiem. T. 1. 1826. S. 82 f.

[2]) Die Zinkätzung ist infolge Zusammenziehens der Chromgelatine ein wenig
verkleinert ausgefallen, doch beträgt die Differenz auf die ganze Länge der
Zeile höchstens 2 mm.

[3]) Publicationen a. d. Preuss. Staatsarchiven Bd. 32. 1887. S. 5.

wird man sich darnach einen der süddeutschen Orte ähnlichen
Namens zu denken haben. Nach Danzig kam Baumgarten
vielleicht von Lübeck aus. Denn die Texttype seiner **Agenda**
stimmt, von geringen Abweichungen abgesehen, so genau mit
der kleinen Type des von Lukas Brandis und Bartholomaeus
Gothan in Lübeck 1480 gedruckten Missale Magdeburgense
überein, dass man die theilweise Benutzung derselben Lettern
oder Matrizen annehmen muss. Abweichend sind die in obiger
Probe vorkommenden Versalien $\mathfrak{A}$ und $\mathfrak{J}$, die den Schwabacher
Charakter angenommen haben. Neben dieser gewöhnlichen
Schrift erscheinen grössere c. 12—15 mm. hohe Initialen und
zu Anfang ein reich verziertes J von 115 mm. Der Druck ist
in Schwarz und Roth ausgeführt. Das Format ist Kleinquart,
die Schriftkolumne hat eine Ausdehnung von 14×9,4 cm. Die
Zahl der Blätter beträgt nach Bandtke 60.

Nach Baumgartens Weggang erscheinen Drucke von ganz
unzweifelhaft Danziger Herkunft erst wieder im Jahre 1520:

1) Bereits bekannt ist das erwähnte **R u n d s c h r e i b e n d e s**
R a t h s, früher fälschlich als Rathsedikt bezeichnet, vom 26.
Januar 1520, eine sogenannte Warschawinge, die Warnung an
die andern Städte, dem im Krieg mit dem König von Polen befindlichen Hochmeister Albrecht Vorschub zu leisten oder Verkehr mit ihm zu unterhalten. Es ist nach einem jetzt nicht
auffindbaren Exemplar der Danziger Stadtbibliothek beschrieben
und abgedruckt von R. R e i c k e, Altpreuss. Monatsschrift Bd.
3 (1866) S. 553—558. Mir liegt ein gänzlich unbeschnittenes
Exemplar des Danziger Stadtarchivs vor.

Einseitig bedruckter ganzer Bogen von kleinem Format
(Höhe 29,5, ganze Breite 42 cm.), Wasserzeichen ausgestreckte
Hand mit Blume auf dem Mittelfinger, grösste Ausdehnung des
bedruckten Raumes 21,5×26,5 cm., die zum Theil aber nur
durch die beiden grossen Holzschnittinitialen zu Text und Unterschrift $\mathfrak{B}$ und $\mathfrak{B}$ (12 und 6,5 cm. Höhe) bedingt ist. Text
in 21 Z. von 208 mm. Länge. Anf.: *V Nßenn fruntlickenn*
gruth mit erbedinge alles godes stedes thouornn etc. Schluss:
Gegeuen tho Danczi/ke Am soßvnndtwintigesten dage Januarij
Na Christi vnßers hern geborth Dusent fiffhundert vnd
im twintigesten Jare ‖ Unterschrift in zwei kurzen Zeilen rechts

unten: *Borgermeister vnnd Rathmann / der Stath Dantczigk.*
Keine Bezeichnung des Druckers.

Die Schrift ist eine Schwabacher von 4,4 mm. Kegelhöhe
wie die Karweysse's und in einigen Buchstaben kaum von ihr
zu unterscheiden, im ganzen aber kräftiger und gefälliger (einen
Begriff giebt das Facsimile unten S. 80). Als Interpunktion ist
Punktum und kurzer Schrägstrich vorhanden, ersteres sehr
unregelmässig gesetzt. In den Formen der Versalien ist der
Schwabacher Charakter ganz durchgeführt. Dass von den
kleinen Buchstaben nur *b* ohne Schleife und kein *z* vorkommt,
ist vielleicht Zufall, denn die Schrift stimmt sonst (auch in der
grossen Unregelmässigkeit der Zeilen, die zum Theil im Schnitt
und Guss der Lettern begründet ist) durchaus mit der der
beiden folgenden Stücke überein und ebenso genau mit der-
jenigen, welche in einigen Königsberger Drucken vom Jahre 1524
gebraucht ist. Auch diese tragen zwar nicht den Namen des
Druckers, aber es ist ausgeschlossen, dass damals hier eine
andere Druckerei bestand als die Hans Weinreich's und ihm
werden wir deshalb unbedenklich diese unbezeichneten Stücke
sämmtlich zuzuschreiben haben. Ueber seine Person wird unten
zu handeln sein.

Einige weitere Drucke von ihm aus dieser Zeit sind nun
aus Lederbänden mit Papiereinlage zum Vorschein gekommen,
die der Buchbinder Matz in Königsberg 1523—24 wahrscheinlich
für Privatleute angefertigt hat und die später in die Universitätsbibliothek gelangt sind.

2) *[Der?] Rosenkrancz unser lieben / Frawen* Holzschnitt,
darstellend Mariae Verkündigung. Der Text beginnt Bl. 2 a.
Bl. 7 b unten: *Nach Crist geburt mercket furwar / Do man
czalt funffczenhundert iar / Sixt Buchßbawm hats gesungen / In
Herczog Ernst melodey* Bl. 8a am Ende: *Gedruckt czu
Gdanczck Im iar / MCCCCXX* Kl. 8°; ursprünglich 8 Bl.; von
denen aber Bl. 3—6 ganz verloren sind, während von den erhaltenen oben ein Stück weggeschnitten ist, sodass von den 22
Zeilen der Seite die zwei ersten fehlen; o. Kust. u. Sign.

Die Type ist dieselbe wie in Nr. 1, ohne Auszeichnungsschrift, doch kommen mehr als dort Parallelbuchstaben, namentlich
D und E, *b* mit und ohne Schleife, vor. Die Verszeilen sind abgesetzt

und die Strophenanfänge mit ⊄ bezeichnet, jede sonstige Interpunktion fehlt. Der Verlust der inneren Blätter erklärt sich
wahrscheinlich daraus, dass der Druck in Halbbogen ausgeführt war. Ein Wasserzeichen findet sich in dem vorliegenden halben Bogen nicht. Von Buchsbaums Gedicht sind bei
Ph. Wackernagel, Das deutsche Kirchenlied, Bd. 2. S. 854—859
zwei Versionen mitgetheilt, die ältere nach einem um 1500 an-
gesetzten ebenfalls aus 8 Oktavblättern bestehenden Sonder-
druck. Unser Text steht im ganzen dieser Version näher,
stimmt aber hier und da auch mit der jüngeren überein.

3) *Ein kurcz / fruchtbars / Beichtbüchlein auß / den czehen
gebothen / gottes genungsam, / auß gelegt yre erful-/lung vñ
vbertretung / vom Doctor M a r t i-/n o L u t h e r gemacht* | Titel
in Holzschnittrahmen: links und rechts Adam und Eva
auf Säulen, unten zwei Engel, einen Schild mit dem Monogramm PV haltend. Dieselben Buchstaben sind neben den Füssen
der Engel wiederholt.[1] Der Text beginnt Bl. 1 b. Bl. 4 b am
Schluss: *Finis XX* (– 1520). Kl. 8⁰, 4 Bl. m. 22 Z; o. Zng,
Sign. u. Kust. Ein Wasserzeichen ist nicht sichtbar.

Die beiden ersten Zeilen des Titels und die erste Zeile
des Textes sind in einer Missaltype (Kegelhöhe 8 mm.) gesetzt,
in der ganz unzweifelhaft abgenutzte Exemplare der mittel-
grossen Schrift des bereits erwähnten Missale Magdeburgense
von Brandis und Gothan in Lübeck vorliegen. Unter den
späteren Weinreich'schen Drucken kann ich sie nur noch in der
ersten Titelzeile der *Apologia pro M. Bartholomeo Preposito
Kembergensi. Regiomonte Borussiorum Mense Junio Anno Mccccc
XXIIII* (Kgl. u. Univ.-Bibl. in Ce 239. 4⁰) nachweisen. Sonst
ist in dem „Beichtbüchlein" dieselbe Schrift gebraucht wie
in No. 1 u. 2. Zur Interpunktion dient das sehr sparsam
angewendete Punktum, der kurze schräge Strich, der zugleich
das Theilungszeichen vertritt, und ⊄.

Der Text ist dem Schriftchen Luthers entnommen, das
unter dem Titel „Die zehn Gebote Gottes mit einer kurzen

---

[1] Sie bezeichnen sicher den Verfertiger des Holzschnitts. Dasselbe Monogramm finde ich auf dem Titelholzschnitt eines Lutherdruckes (Vermanung
an die geistlichen versamlet auff dem Reichstag zu Augsburg) von Adam Dion
in Breslau 1530.

Auslegung ihrer Erfüllung und Uebertretung" von 1518 an
in einer Anzahl von Ausgaben erschien (vgl. Weimarer Ausg.
Bd. 1. S. 247—256), er hält aber nicht, was der Titel ver-
spricht, indem nur die Uebertretung, nicht auch die Erfüllung
abgedruckt ist. [1])

Wenn auch der Inhalt des Druckes nichts mit der Kirchen-
reformation zu thun hat, so ist es doch bemerkenswerth, dass
man sich damals in Danzig für Luthers Schriften interessierte.
Energisch dagegen tritt die Tendenz der Reformation in dem
folgenden Stück hervor, das zwar mit Nr. 2 und einem Exemplar von No. 3 zusammen gefunden worden ist, wahrscheinlich
aber in das folgende Jahr 1521 zu setzen ist.

4) *Ein new liedt Czu lo/be wollen wir syn/gen der wer-*
den / christenheit. ist / in dem don / Von ersten wollen / wir
loben Mariä / die ryne maydt. // Der Text beginnt auf Bl. 2a.
Bl. 4a am Schluss: ... *dar von / Cuntz leffel gesungen hat.* //
Keine Bezeichnung von Ort, Jahr und Drucker. 4 Bl. kl. 8°
(c. 11,5 × 9 cm.) mit 21 Z.; o. Sign. u. Kust.

Die Typen weichen von denen der vorangehenden Stücke
ab (vgl. das Facsimile von No. 5), sind aber ebenso sicher wie
jene auf Weinreich zurückzuführen. Im Titel erscheint die
runde gothische Schrift (7 mm. Kegelhöhe), die Weinreich später
regelmässig als Auszeichnungsschrift verwendet, nur fehlt ihr
hier noch das *w*, das aus *u* und *v* zusammengesetzt wird. Zu
Beginn des Textes ein grösserer Initialbuchstabe, zu dem
auch später von Weinreich gebrauchten Zieralphabet gehörig, das hauptsächlich dem des Missale Warmiense (Strassburg, Friedr. Dumbach 1497) nachgebildet zu sein scheint.
Die Texttype, ebenfalls in Schwabacher Charakter, ist breiter
und steifer, auch im Kegel etwas höher als die von Nr. 1—3
(4,6 mm.), daher nur 21 Zeilen auf den Raum von 22 der
vorigen gehen. Die Schrift kommt noch 1524 in mehreren

---

[1]) Eine Vergleichung mit der Weimarer Ausgabe ergiebt neben einigen
ganz unwesentlichen Zusätzen die Verbesserung des unverständlichen *sein*
sich S. 252,7 in *sein rich.* Aus der Fassung des Titels, die der Ueberschrift „Beichtzettel" im Abdruck bei Kasp. Güttel (*Ein fast fruchtbar buch-*
lein von Adams wercken, Leipzig 1518) näher steht, ist zu schliessen, dass keine
der in der Weimarer Ausgabe angeführten Sonderausgaben unserem Druck zu
Grunde liegt.

Königsberger Drucken vor. Nur die Strophen sind abgesetzt und mit ⸿ markiert. Sonstige Interpunktion: Punktum (selten), kleiner schräger Strich und Theilungsstriche, die aber unregelmässig angewandt sind. Wasserzeichen anscheinend eine gekrönte Schlange mit kurzem Leib.

Der Text bietet uns Kunz Löffel's Lied, das wohl vor dem Reichstag in Worms entstanden ist, in einer Gestalt, die ziemlich abweicht von dem in Berlin in 2 Exemplaren befindlichen Einblattdruck, nach welchem es Ph. Wackernagel, Das deutsche Kirchenlied, Bd. 3. S. 387 f. wiedergegeben hat. Zwar sind in letzterem die Verse glatter, dagegen scheint die Ordnung der Strophentheile in unserem Druck angemessener zu sein. Jedenfalls können die Abweichungen und Zusätze nicht in Preussen entstanden sein, wie der bei Wackernagel fehlende Wunsch, die wucherischen Geistlichen möchten im Rhein schwimmen, beweist. Zur Vergleichung theile ich den Weinreich'schen Text im Anhang mit.

5. *Ein liedt wie der Hochmeister in/Preusen Mariam anruft.* Einseitig bedrucktes Blatt in Kleinfolio. Grösste Ausdehnung des bedruckten Raumes 23×12,3 cm.; Text in 43 Z., von denen die fünf letzten über die Hälfte nach rechts eingerückt sind. Die Strophenanfänge ergeben den Titel *Albrecht Deutsch Ordens Hoch-Meister,* fortgesetzt unten links durch die Worte *In Preüsen / Marggraff czu / Brandenburgk /.* Zu Anfang des Textes grosses *A,* darunter einfache Holzschnittleiste, unten in der Mitte der preussische Adler mit dem Zollernschen Brustschild.[1]

Die Typen der Ueberschrift und des Textes sind identisch mit den in Nr. 4 gebrauchten. Das grosse A, vergrössert nach dem entsprechenden Initial des Missale Warmiense, kehrt wieder in dem „*Ausszugk ettlicher Articul auss gemeyner Landsord-*

---

[1] Infolge einer Uebereinkunft mit der „Altpreussischen Monatsschrift", für die von dem vorliegenden Druck eine Zinkätzung angefertigt worden ist, kann das vollständige Facsimile hier beigefügt werden. Dagegen werde ich Gelegenheit haben in einem der nächsten Hefte der genannten Zeitschrift zur sachlichen und geschichtlichen Erläuterung des Hochmeistergebetes einiges Weitere beizubringen und zugleich für die an der altpreussischen Geschichte interessierten Leser ein kurzes Resumé des gegenwärtigen Aufsatzes, unter Beifügung der Druckproben, zu geben.

nung des Hertzogthumbs ynn Preussen" (Königsberg 1529[1]), die Leiste
und der Adler in dem von Weinreich in Danzig 1524 gedruckten Rechenbuch des Erhard von Ellen[2]).

Der Text des bisher gänzlich unbekannten Gedichtes
(vgl. das Facsimile) zeigt den Hochmeister in dem Krieg mit Polen,
den er am 1. Januar 1520 mit der Einnahme von Brauns-
berg eröffnet hatte und der durch den Thorner Waffenstill-
stand vom 10. April 1521 beendet wurde. Höchst wahrscheinlich liegt in dem Gebet eine offizielle Kundgebung des Hochmeisters vor, vielleicht bei Gelegenheit eines Bittganges. Zweifelhaft bleibt, ob auch der Druck in seinem Auftrage erfolgt ist.
Die Ueberschrift lässt mehr an die Verbreitung als fliegendes
Blatt denken und eine solche wird vermuthlich auch stattgefunden haben. Auffallend ist jedenfalls, dass dieser Druck
in der dem Hochmeister feindlichen Stadt Danzig her-
stellt werden konnte. Doch gab es auch dort Leute,
mit denen der Hochmeister in Verbindung stand, und zu ihnen
muss Hans Weinreich gehört haben. Dieses Verhältniss wird
ausser Zweifel gestellt durch eine Eintragung[3] im Liber me-
morialis des Danziger Raths vom 28. März 1522 (Bd. II. Bl.
170 b): „*Tho weten dat Lucas van Barthen, Peter Stobbes vnd
Kersten Rodewoelt hebben alle dree samentlicken by eynem Erbarn
Rade uthgeborget Hans Wyenrieck eynen prenter, de durch eynen
Erbarn Raedt In strafunge genomen vnd gefenglick gesettet was
von wegen etlicker prenterye zo he tho cleynicheit vnses Herrn Koniges
vnd der polnischen Nation tho kope gehatt, gelauende eynem Erbarn
Rade densoluigen prenter, zo he wedder Ingefordert werdt, wedder
tho gestellen. Act. Fridages vor Letare Anno XV^c vnd XXII.*

------

[1]) Exemplar im K. Staatsarchiv in Königsberg, in Ms. B. 35. f.

[2]) *Ein Rechn buch | lein durch gantz | en gebrochen | Species | auf
di | linien | oder fede- | ren bequem.* // Neben und über dem Titel Holz-
schnittleisten, unten der erwähnte Adler, dem hier jedoch das Zollernsche
Brustschild ausgeschnitten ist. Der Verfasser nennt sich Bl. 1b. in der Vor-
rede, Bl. 8a. am Schluss: *Czu Gdantzke hat gedruckt mich | Hans wein-
reych fleyssiglich. | im jare 1524* // 8 Bl. kl. 8°, Bl. 2—5 mit der Sign. a 2—5;
die volle Seite zu 22 Z. Wasserzeichen wie Nr. 1, Typen wie Nr. 4 und 5.
Exemplar in der Stadtbibliothek zu Elbing. Die Kenntniss von der Existenz
dieses Druckes verdanke ich Herrn Oberbibliothekar R. Reicke.

[3]) Nachgewiesen von Herrn Stadtarchivar Dr. Gehrke in Danzig.

Vielleicht gehörte gerade das Gebet des Hochmeisters zu
den politisch missliebigen Drucksachen, die Weinreich feil
hielt. Man könnte sonst auch an Spottgedichte auf Ereignisse
des vergangenen Krieges denken.

Merkwürdigerweise ist das die einzige Notiz, die in dem
reichen, allerdings gerade für den Anfang des 16. Jahrhunderts etwas lückenhaften Danziger Stadtarchiv über den Drucker
Weinreich aufzufinden gewesen ist. Trotzdem ist es zweifellos,
dass er aus einer einheimischen Familie stammte. Bei Her-
ausgabe der bis 1496 gehenden Danziger Chronik, deren Zuweisung an einen Kaspar Weinreich allerdings jetzt von
P. Gehrke in Frage gestellt worden ist, hat Th. Hirsch[1]) die
Personen dieses Namens, die im 14.—15. Jahrhundert in Danzig bezeugt sind, zusammengestellt. Unter diesen erscheint
1457—1474 ein Hans W., der der Grossvater, und zwischen
1470—1496 ein Christoph, Andres, Georg und Kaspar W.,
von denen einer der Vater unseres W. sein könnte. Die meisten sind ihrem Gewerbe nach Schiffer, nur Kaspar W. scheint
eine höhere bürgerliche Stellung eingenommen zu haben. Auch
das spricht für Hans Weinreichs Danziger Herkunft, dass
er nach Aufgabe der Königsberger Druckerei (1553) sich wieder
nach Danzig zurückzog, wo er 1554 noch ein Werk herstellte
und wo er vermuthlich bald darauf, jedenfalls vor 1558, starb.
Er könnte darnach sehr wohl zwischen 1480 und 1490 geboren sein und 1499 schon Konrad Baumgarten kennen gelernt
haben. Denn es bleibt immerhin auffallend, dass ihre Typen
theilweise auf dieselbe (Lübecker) Quelle zurückgehn. Doch
war der Verkehr zwischen Danzig und Lübeck ein so lebhaf-
ter, dass Weinreich, zumal wenn er aus einer Schifffahrt treiben Familie stammte, auch ohne besondere Anregung nach
Lübeck kommen und die alte Titeltype dort erwerben konnte.
Dagegen zeigen seine anderen Schriften, so viel ich sehen
kann, weder mit Baumgarten[2]) noch mit Lübeck einen Zu-

---

[1]) Caspar Weinreich's Danziger Chronik hrsg. v. Th. Hirsch und F. A.
Vossberg. Berlin 1855. 4. S. XXIII; vgl. P. Gehrke, das Ebert Ferber-Buch
(Zeitschr. d. Westpreuss. Geschichtsvereins. Hft. 31. 1892). S. 11 ff.

[2]) Es haben mir von diesem nur einige Frankfurter Drucke, aber keine
Breslauer vorgelegen.

s ammenhang und weisen eher auf Leipziger und Wittenberger, die zweite Texttype sogar auf süd- oder westdeutsche Bezugsquellen hin. Es liegt daher nahe anzunehmen, dass Weinreich im ersten Jahrzehnt des 16. Jahrhunderts, etwa im Alter von 20—25 Jahren, an verschiedenen Orten als Druckergehülfe gearbeitet hat.

Zu dieser Annahme würde sehr gut der Termin stimmen, den wir für den Beginn seiner Danziger Thätigkeit erhalten, wenn wir ihm einen Einblattdruck zuweisen dürfen, von dem sich zwei unvollständige Exemplare unter abgelösten Druckfragmenten im Danziger Stadtarchiv gefunden haben. Die beiden Stücke, die aus einem dem Kloster Oliva gehörigen Buche stammen, decken sich nur zum Theil, ergänzen sich aber leider nicht zum vollständigen Blatte. Ich gebe die Beschreibung des Druckes, soweit sie möglich ist:

Ganzer Foliobogen, in der Richtung der Wasserlinien einseitig bedruckt; Breite des bedruckten Raumes 24 cm., von der Höhe nur 21,5 cm. erhalten. Textzeilen von 21,5 cm. Länge, am linken Rand Inhaltsangaben in Zeilen von c. 2,3 cm. Z. 1 ff. *Confessionale pro côfratribus ordinis sanctispũs. / In Nomine sãcte et Indiuidue Trinitatis patris et filij et spũssãcti Amẽ / Sanctissimus in Cristo pater et dñs noster domin' Julius diuia prouidẽtia Papa secũdus Sũmus cristi vicarius Omẽs indulgẽtias / et facultates per plurrs olim Romanos Pontifices . . . . concessas . . . côfirmauit et appbauit . . . .* Folgt die Aufzählung der von verschiedenen Päpsten den Confratres Ordinis S. Spiritus verliehenen Privilegien und Indulgenzen. Z. 37: . . . *hospitaliũ ordinis Sancti spũs quoꝗ vnum est in Qpido (!) Resenborgk Pomeza[niensis dioec.]* Z. 44 f.: *[. . . Ja]cobus de Prussia ordiuis (!) Sanctispũs profess[us . . . / . . . hos]pitalis ordinis Sanctispũs ibidem et extra Opidum Cotbus Pomezaniẽsis et misnẽsi[s dioec. . . . .]* Damit bricht das Erhaltene ab; die letzten Zeilen leiteten jedenfalls die Ankündigung des Ablasses ein, am Ende folgte wahrscheinlich, wie üblich, die Forma absolutionis. Wasserzeichen in beiden Fragmenten das Einhorn, jedoch in verschiedener Gestalt.

Jn Nomine fácte et Jndiuidue Trini

Sanctiffimus in Crifto pater et dñs nofter Donin° Julius diuia pro et faaultate perplutes olim Romanos pontifices põcceffores fuos cõtis apicis defup cõfectis plenius cõtinerui Jnter ques Põtifices - Ho nũctus vt de vfuris rapinis Jncldijs pter eccliaz inccdia damnis dat ûremui vel fciri nõ poffint Nemõ de his q̃ indiftincte ad pios vfus in Ac votoz oim Hícrofolimicano dûtarat excepto De iuramẽtis temere

Zeile 1, 2 und 44 zeigen die grosse Missaltype des Weinreich'schen Beichtbüchleins (No. 3), genau übereinstimmend mit der mittleren Type des Missale Magdeburgense. Die Texttype ist gleichfalls die von Nr. 1—3 (b mit der Schleife erscheint wenigstens einmal, dagegen nicht ꝛ), nur dass einige dem Lateinischen eigenthümliche Abkürzungen hinzukommen, die aber auch in Königsberger Drucken von 1524 zu finden sind.

Zeit und Veranlassung des Druckes lassen sich mit ziemlicher Sicherheit feststellen. Der Eingang nennt Papst Julius II. in solcher Formulierung, dass man ihn für den zur Zeit regierenden Papst halten muss. Damit sind als untere Grenze die ersten Monate des Jahres 1513 gegeben. Dieses Datum stimmt wunderbar überein mit dem, was sonst über die Brüder vom heiligen Geist in Preussen überliefert ist[1]). Erst 1510 waren sie ins Land gekommen und hatten, begünstigt vom Bischof Hiob von Dobeneck, in Riesenburg ein Hospital gegründet, zu dessen Gunsten sie auf Grund angeblicher päpstlicher Privilegien Ablass verkündeten. In Danzig geschah dies gerade Anfang 1513 und zwar in so marktschreierischer und gewaltsamer Weise, dass der Rath der Stadt sich unter dem 25. April 1513 mit der Bitte um Schutz gegen diesen Unfug an den König von Polen wandte. Simon Grunau nennt als ihren damaligen „Praeceptor" einen „Jacobellus von der Steyne aus der Schlesia", der unzweifelhaft identisch ist mit dem Jacobus unseres Ablassplakates. Sicher ist dasselbe zum

---

[1]) Vgl. Th. Hirsch, Die Ober-Pfarrkirche von St. Marien in Danzig. Th. 1 (1843) S. 248 f. u. Beil. IX ; Simon Grunau's Preussische Chronik hrsg. v. Perlbach. Bd. 1 (1876) S. 308—310.

Zweck eben dieser Danziger Ablasscampagne gegen Ende 1512 oder Anfang 1513 gedruckt worden. Da nun die Typen genau dieselben sind wie die seit 1520 bei Weinreich nachgewiesenen, so bleibt nichts übrig, als die Anfänge dieser Druckerei bis auf 1512—13 heraufzurücken, so befremdend es auch ist, dass wir aus den folgenden 7 Jahren keine Spur von ihrer Thätigkeit haben. Ein Bedenken könnte man noch daraus herleiten, dass der bedruckte Raum in dem Plakate etwas grösser gewesen sein muss, als in den übrigen besprochenen Drucken Weinreichs. Indessen zeigt das Rundschreiben des Rathes von 1520, dass seine Presse auf ganze Bogen eingerichtet war.[1])

Das Papier, von ungewöhnlich schlechter Beschaffenheit, gehört nicht zu den später von Weinreich verwendeten Sorten und wurde diesem jedenfalls, wie das im 16. Jahrhundert auch in Königsberg vielfach bezeugt ist, vom Auftraggeber geliefert. Es stammt wohl aus einer Riesenburg und Marienburg näher gelegenen Papiermühle, die das Einhorn als Wasserzeichen führte und wahrscheinlich schon Karweysse den grössten Theil seines Bedarfs geliefert hat.

Wir haben oben den letzten Druck Weinreichs aus dieser ersten Danziger Periode, zugleich den ersten, der überhaupt mit seinem Namen bezeichnet ist, das Rechenbuch des Erhard von Ellen von 1524, angeführt. Als dieses Werk hergestellt wurde, war bereits die Druckerei in Königsberg errichtet, die Weinreich eine sehr viel grössere Wirksamkeit eröffnen sollte. Für die Geschichte ihrer ersten Thätigkeit erweist sich die jetzt erweiterte Kenntniss der von Weinreich in Danzig gebrauchten Typen so wichtig, dass es nöthig sein wird, die bisherigen Annahmen über die Zeitfolge der ältesten Königsberger Drucke einer eingehenden Revision und Berichtigung zu unterziehen. Doch muss es einer anderen Gelegenheit vor-

---

[1]) Man wird also nicht daran denken dürfen, dass Weinreich die Presse Karweysse's übernommen habe, wenn es auch merkwürdig ist, dass in den Drucken No. 2—4 die Grösse der Druckseite genau mit der im Dorotheenleben übereinstimmt. Gegen die Identität spricht auch der Umstand, dass die Zwischenstege bei Weinreich schmäler sind als bei Karweysse.

behalten bleiben, diese und andere mit der Gründung der
Königsberger Druckerei zusammenhängende Fragen weiter zu
verfolgen.

Königsberg in Pr.   P. Schwenke.

Anhang.[1]

Ein new liedt Czu lobe wollen wir syngen der werden
christenheit, ist in dem don Von ersten wollen wir
loben Mariam die reyne maydt.

¶ Czu lobe wollen wir syngenn
der werden christenheit;
hylf, got, das vnns gelinge,
das wirdt wol manchem leydt.
Wir greyfens an mit rechte,
got helffe vns das vorfechten,
yren homuth wollen wir brechen,
den sie ofte getriben han.
der babst vnd die cardinal.

¶ Merckt auf yr christen alle,
wie nu der handel stehet.
der entchrist hat vns gefangen.
wolt got, das es ein ende het
Mit seinen falschen gesetzen.
wir wollen vns das ergetzen,
wir lossen vns nicht mehr tretzen
mit seinem falschen bau,
ya wir halten nicht mer dar van.

¶ Wol von den ablas brifen
die liessen sie oft aus gehen.
si haut yr vil geschriben.
wir wollens yn nicht mer gestohen.
Im land liessen sye vmb lauffen.
gotes gnade thetens vns vorkauffen.
hetten wir sie lossen dersauffen
in einem tyeffen sehe,
sie thetens vns nymmer mer.

¶ Der schympf der wil sich machen,
das schicket sich eben also,
man spüret in allen sachen,
das seyt yr deutschen fro.
Wir wollen noch nicht vorczagen,
sie wollen keyn Concilium haben,
sie meinen vns mit gewaldt czu vorya-
das wolde got nymmermehe.   [gen.
das thut zu Rome dem entchrist wehe.

¶ Wir haben ofte hören sagenn
wol von dem entchrist;
wir durffen nicht weyter frugen.
wan er schon vorhanden ist.
Er ist vns lange geboren,
die walen haben yn aus erkoren.
das spiel haben sie vorloren
wol mit der deutschen syn,
sie treyben mehr kleinen gewyn.

¶ Hilf, got, das wirdt gebrachenn
der bischof gros übermut.
es bleibt nicht vngerachen
die werde christenheit gut.
Sie thun yr vile vortreyben,
die vns die rechten warheit schreyben,
sie wollen sie nicht lossen bleyben:
das magk sie doch gehelffen nicht,
als her vlrich von hutton spricht.

[1] Ausser der Zeilentheilung und der Interpunktion, die in Weinreich's
Druck nur angewendet wird, um die Verszeilen zu trennen, sind Änderungen
gegenüber dem Original nicht vorgenommen.

¶ Es ist nicht recht besonnen,
das alles wil geystlich sein.
man findet vil monche vnd nonnen.
die tragen eüserlichen scheyn.
Mith yren gleysenden wercken.
daruf thun sie sich stercken.
sie meynen, wir sollens nicht mercken:
sie tragen einen falschen mut.
yre meynung die ist nicht gut.

¶ Got helffe vnns das besynnen,
das wirs recht greyfen an.
Wir sein das worden ynne,
was sie vns ofte haben gethan.
Sie helffen vns nichts erwerben,
vnser gütter thun sie erben
vil er dan wir sterben:
das ist ein böses spil.
mönche und pfaffen der sein zuvil.

¶ Es stehet in grosen sorgen
wol mit der geystlicheit,
Gotes wort haben sye uns vorborgen,
das mus yn werden leydt.
Die bybel haben sie lossen lygen,
das ewangelium vorschwigen,
domit theten sie vns betrygen.
also vberkommen sie das gelt.
ya wie ofte Martinus meldt.

¶ Mercket auf, yr fürsten vnd her-
vnd nemet die sache czu handt. [ren.
Die schande ist yn worden ere.
sie nemen wol das gantze landt.
Mit recht konnen sichs nicht erwerben,
lande stets thun sie an erben.
das mus manich man vorterben:
das spürt man in aller weldt.
mönche vnd pfaffen die haben das gelt.

¶ Mercket auff, yr lieben brüder,
der handel machet sich schwer.
Vorczeyten waren vil jüden,
ytz findt man yr wenig mer.
Wo seint sie alle hynkommen?
man hat sie seer verdrungen:
vil haben den wucher angenommen
vnd wollen doch christen sein,
ya schwimmen sie in dem Rheyn!

¶ Sie füren ein buben leben,
das sicht man wol alleczeyt.
Wir wollen yn nicht mer geben,
dar von kumpt groser neydt.
Ir geystlich recht hat man gefangen,
der ablas ist vorgangen,
sie hylft nicht mer yr prangen:
nu begeren sie des Keysers rath,
dar von Cuntz leffel gesungen hat.

Nachträge zu H. Knoblochtzer's Drucken.

Zu dem Verzeichniss der Strassburger Drucke Heinrich Knoblochtzers, welches vor 6 Jahren aufgestellt wurde,[1]) lasse ich hier einige Ergänzungen folgen, die sich im Laufe der Zeit ergeben haben.

Weitere unterschriebene Inkunabeln aus der Strassburger Presse unseres Druckers haben sich trotz vieler Nachforschungen nicht auffinden lassen. Ebensowenig sind mir neue völlig gesicherte Werke mit seiner ältesten Type begegnet. Wie in unserer Monographie über Knoblochtzer S. 7 ff. nachgewiesen wurde, kann die von ihm gebrauchte Type I sehr leicht mit mehreren täuschend ähnlichen Schriftgattungen anderer Druckereien verwechselt werden. Der Schnitt der Lettern ist fast der gleiche, sodass nur ein geschultes Auge die Abweichungen zu entdecken vermag. Das wesentliche unterscheidende Merkmal ist aber in der Verschiedenheit der Kegelhöhe gefunden. Bei Kn.'s Type I messen 30 Zeilen undurchschossenen Satzes 181 mm. In dieser Schriftart konnten wir 8 Drucke als unanfechtbar nachweisen, alle auffälliger Weise nur in deutscher Sprache. Unentschieden blieb die Frage, ob der undatirte Druck von Jacobus de Cessolis Schachzabelbuch (Nr. 8*) unserem Typographen angehöre. Abgewiesen wurden unter den zum Vergleiche herangezogenen deutschen Inkunabeln Hain *8603 und *8609 sowie das lat.-deutsche Psalterium (Hain *13508).

Seitdem habe ich weitere in Betracht kommende Drucke in deutscher Sprache durchmustert, nämlich Hain *1149 und die damit verwandte Ausgabe in der Stadtbibliothek zu Frankfurt a. M., ferner Hain *8084 und *8408 sowie einen der Uni-

---

[1]) Schorbach u. Spirgatis, Heinrich Knoblochtzer in Strassburg. 1888.

versitätsbibliothek zu Göttingen gehörigen Einblatt-Kalender
für das Jahr 1479. Eine nähere Vergleichung ergab mannig-
fache Differenzen, sodass alle diese Werke Knoblochtzer nicht
zuerkannt werden dürfen. Vor allem ist die Kegelhöhe nicht
die gleiche.[1]) Aus mehreren Anzeichen wird es wahrscheinlich,
dass einige der letztgenannten Drucke in Strassburg entstanden sind. Die schwierige Frage, von wem hier die Type
nachgeschnitten wurde, kann jetzt noch nicht entschieden
werden.[2]) Ihre Lösung muss weiteren mühevollen Studien vorbehalten bleiben.

Lateinische Bücher mit Kn.'s Type I haben sich bisher
nicht nachweisen lassen, und doch wird man annehmen dürfen,
dass unser Drucker auch solche mit seiner ältesten Schriftgattung herstellte. Prof. Charles Schmidt hat in dem handschriftlichen Inkunabel-Katalog der Bibl. Wilhelmitana zu Strassburg den undatirten Druck: Nicolaus, De proeliis et oc-
casu Ducis Burgundiae (Hain *11757) Knoblochtzer zu-
gewiesen.[3]) Dass jene Inkunabel in Strassburg erschienen
ist, davon bin auch ich überzeugt, doch muss ich sie unserem
Drucker absprechen, weil die Type, mit welcher sie gedruckt
wurde, sich von Knoblochtzers Type I unterscheidet. Sind
erst einmal sämtliche Drucke, welche Hain und Panzer dem
Strassburger typographus ignotus zuschreiben, gründlich unter-
sucht, dann werden sich die scheinbar identischen Typen in
scharf geschiedene Gruppen sondern lassen und können vielleicht im günstigen Fall bestimmten Officinen zugesprochen
werden.

In Kn.'s Type II, welche 1478 zuerst in einem unter-
schriebenen Drucke begegnet, vermochten wir nur 3 wenig umfangreiche Bücher nachzuweisen. Hier mussten also am ehe-
sten Nachträge erwartet werden. Die Ausbeute entsprach

---

[1]) Beim Kalender von 1479 steht die Schrift auf kleinerem Kegel, 30
Zeilen — 171 mm. — Bemerkenswerth ist, dass dieser Einblattdruck und
einige Bruchstücke eines liturgischen Druckes mit ähnlicher Type in den Einband eines Exemplars von Hain *5919 (vgl. S. 86) eingeklebt waren.

[2]) Bekannt ist, dass hierbei auch H. Eggestein in Betracht kommt.

[3]) Vgl. auch Erichson, Das theol. Studienstift Collegium Wilhelmitanum
(1894) S. 205.

leider nicht den gehegten Hoffnungen. Wohl liegen zwei grössere
Werke vor, die offenbar mit der Schriftgattung II unseres
Druckers hergestellt sind, aber es bleibt zweifelhaft, ob sie aus
seiner Presse hervorgingen. Wären dieselben als völlig sicher
zu bezeichnen, so würde damit jene Lücke trefflich ausgefüllt,
welche in Knoblochtzers Thätigkeit für die Jahre 1478—80 besteht. Wegen der Typengleichheit müssen diese beiden Drucke
aber jedenfalls in Betracht gezogen werden.   Es sind folgende:

a) [Jordanus de Quedlinburg], Sermones Dan de sanctis; o. O. J. u. Dr.;
2⁰. 248 Bl. (erstes weiss), zweispaltig zu 57 Z.; vgl.
Hain *5919, der Anton Sorg als den Drucker annimmt.
Die verwendete Type ist ohne jeden Zweifel Kn.'s Type II,
und doch können wir diese Inkunabel unserem Drucker nicht
mit voller Bestimmtheit zuerkennen, weil die vielen in dem
Werk vorkommenden Initialen sonst nicht in Knobl.'s Drucken
belegt sind.   Darauf muss allerdings hingewiesen werden, dass
eine Reihe jener Zierbuchstaben deutliche Vorbilder für die
späteren Initialen unseres Typographen sind, so besonders für
sein Maiblumen-Alphabet.

Herr Prof. Dziatzko hatte die Güte, mich auf diesen Druck
aufmerksam zu machen.   Die Univ.-Bibliothek zu Göttingen
besitzt 2 Exemplare desselben.   Das eine von diesen wurde
nach handschr. Eintrag 1484 an die Karthäuser in Nürnberg
geschenkt durch Georgius Viti de Eystet.   Ein weiteres Exemplar befindet sich in der Staatsbibl. zu München.[1]) Dies habe
ich mit dem zweiten Göttinger Exemplar (Patr. lat. 959) ver-
glichen.   Aufgefallen ist mir dabei, dass die Initiale U auf
Bl. 11 Sp. 2 in beiden Exemplaren nicht die gleiche ist.
Ferner ist zu bemerken, dass diesen zwei Exemplaren derselbe
Nürnberger Druck (Hain *10302) beigebunden ist. Ein Nachdruck
der Sermones Dan de Sanctis erschien, wie bekannt, 1484
bei Joh. Grüninger in Strassburg und zwar mit dem Verfasser-
namen Jordanus de Quedlinburg (Hain *9440).

b) Thomas de Haselbach, Sermones; o. O. u. Dr 1478; 2⁰.
Vgl. Hain *8370, wo die Presse nicht bestimmt wurde.

---

[1]) Es gehörte den Franziskanern zu Kelheim.

Wir haben diesen Druck auf S. 9 unserer Schrift angeführt, aber den Drucker zweifelhaft gelassen. Kloss[1]) und Holtrop[2]) wiesen ihn Knoblochtzer zu, dessen Type II darin vorliegt. Ohne Zweifel gehören die beiden genannten Inkunabeln typologisch zusammen, obwohl jede von ihnen Besonderheiten zeigt. Die Hauptschwierigkeit beim Druck des Haselbach haben wir schon früher erwähnt; es sind die drei Titelzeilen im Band I dieses Werkes, welche eine Kn.'s Type I verwandte Schriftart aufweisen. Diese wenigen Zeilen werden bei der Untersuchung, welche zur Scheidung unserer Type I noch im Laufe der Zeit geführt werden muss, sicher eine Rolle spielen.

Die beiden unter *a* und *b* erwähnten Drucke haben so lange als unbestimmt zu gelten, bis ein glücklicher Fund zur Entscheidung darüber führt, ob die Type II ihren Besitzer wechselte.

Für die spätere Zeit unseres Typographen (1481—84) war die Ausbeute eine bessere. Die im Folgenden aufgeführten, zum Theil höchst interessanten Drucke sind mit voller Sicherheit seiner Presse zuzuschreiben.

c) Sanct Ursulen schifflin, o. O. J. u. Dr.; 4⁰.

Bl. 1 weiss (auf dem Vorderdeckel des Einbandes aufgeklebt). Bl. 2a steht obiger Titel von der Hand des Rubricators. Darunter beginnt der Text:

*( ) Is ist dye ynnige geistlich brüderschafft / ge- ‖ nant Sant vrsulen schiffelin / mit ir heiligē ge-	selschafft / der .xj. tusent junffrauwen (!) / Durch ‖ wcliche brüderschafft / ein yeglich cristen mensch be- ‖ kēmelichen vnd fürderlichen kümen mag / zü gnodenn ‖ vnd verfünung gottes / vnd sicher vnd frölichen schif- ‖ fen durch daz vngestümpte mer disser welt / an den sta ‖ den des vatterlandes der ewigē selikeit.* Der Prosatext berichtet in verschiedenen Abschnitten über die Ausbreitung der Bruderschaft. Auf Bl 7a findet sich die Angabe, dass Meister Johann Gösseler ein Lied zu Ehren von Sant Ursulen Schifflin gedichtet habe, *welliches lyctte vnd gesang vff das aller kurtzeste begryffen ann dem ende disser geschrifft gemeldt würt.* Das Lied beginnt

---

[1]) Catalogue Kloss No. 1991

[2]) Catalogus libr. impress. saec. XV. in Bibl. Hagana No. 696.

Bl. 13a Z. 20 ff.: *Das liet vber fant vrfulen fchiffelin gedichtet von ‖ meifter iohäns pfarhér vñ doctoz zů fant joft ‖ zů rauen-fpurg.* ‖

Unter dieser Überschrift hebt die erste Strophe so an:
( ) In zyt hozt ich vil gůter mer. von einē fchiffelin ‖ fagen ; Wie es mit tugenden alfo gar . kóftlichen wer " beladē ! zů dem fchifflin gewan ich ein hertz . ich fand ' dar yn vil gůter gemertz . in mancher hande gaden. ‖

Zwischen den 4 Zeilen dieser ersten Strophe ist Raum für die Musiknoten gelassen, welche eingeschrieben sind. Die 12. und letzte Strophe des Gedichtes steht Bl. 14a Z. 27—30:

Daz fy dir auch fürwoz gefeyt / du kömeft zů hym ‖ mels zefe. nieffen die fchönfte trinitat in einē höchften ‖ wefen / dic aller kloifte augen weide . entrinnen würftu ‖ allem leyde vnd gantz vnd gar genefen. AMEN .

Hiermit ist das Werk abgeschlossen. Bl. 14b leer.

Der Druck umfasst 14 Bl. (erstes unbedruckt) in einer Lage o. Blz., Kust. u. Sign. Auf voller Seite stehen 31—33 Zeilen. Verwendet ist Knoblochtzers Type III. An den Abschnitten ist für die einzumalenden Initialen Raum (von 2 – 4 Z. Höhe) gelassen. Wasserzeichen des Papiers: Ochsenkopf mit Stange und Querbalken. Das benutzte Exemplar befand sich als erstes Stück in einem Handschriften-Sammelband des 15. Jahrh., welcher dem elsäss. Sammler Dr. C. Bartholdi in Colmar gehörte und aus seinem Nachlass am 31. Okt. 1894 in der Strassburger Bücherauktion durch G. Rettig versteigert wurde. Im Auktions-Katalog (No. 769) wird das Werk als ein Druck Wenslers angesehen und fälschlich als defekt bezeichnet. Bei der Versteigerung erzielte der Sammelband den Preis von 300 Mark. Jetzt ist er in den Besitz von Albert Cohn in Berlin übergegangen (vgl. Kat. 206 no. 177).

Vorliegende unbekannte Ausgabe von S. Ursulen schifflin, die ungefähr 1481 anzusetzen ist, bietet den ältesten gedruckten Text dieses Werkes. Der 1497 bei Barth. Kistler zu Strassburg erschienene Druck desselben, welcher bisher als der älteste gelten musste, ist ein erweiterter Nachdruck unserer Ausgabe. Bei Kistler ist am Schluss ein grosses Prosastück aus

der Feder eines Strassburger Geistlichen angefügt, der Anfang
durch ein hübsches Titelbild geschmückt, und ausserdem sind
die Musiknoten in Holz geschnitten; vgl. die Beschreibung bei
Ch. Schmidt, Rép. bibl. Strasb. IV S. 3 No. 3. Neue Ausgaben des oberdeutschen Textes wurden im 16. Jahrh. durch
Ulrich Pinder und Georg Ransshofer veranstaltet. Vgl. Panzer,
Deutsche Ann. I S. 353 No. 752, S. 379 No. 812; Weller, Rep.
typ. No. 118; Graesse, Trésor VI, 2 S. 230 u. VII S. 486
und wegen der weiteren Literatur Goedeke, Grundriss I² S. 469.
Eine nähere Untersuchung der verschiedenen gedruckten Texte
würde sich verlohnen.

d) *Mönch von Salzburg, das „gulden ABC"*; o. O. J. u. Dr.;
4º. Bl. 1 fehlt (wahrscheinlich weiss). Bl. 2ª Überschrift:
Sequentz von vnſer lieben frowen des munches von ſalczburg.
Die erste Strophe, in welcher die Anfangsbuchstaben der Worte
das Alphabet darstellen, lautet so:

*Aue balſams creatur, Du engliſthe (!) figur / Gott ‖ haut
in künſchem (!) lob / Marie naturenn ob / Prich ‖ qual / Rüff
ſuntlich toren / Vnd wend criſto ymer ‖ zoren/ ‖.* Die 24
Worte dieser ersten Strophe sind als Anfangsworte für die 24
Theile unserer Marien-Sequenz benutzt, sodass die Anfänge
aller Strophen wiederum das Alphabet bilden. Die letzte Strophe
(Bl. 4ᵇ Z. 17—21) ist folgende:

*Zorn an dem Jungſtentag gut ver iag. ſo betag ‖ vnſer
clag. ſo die eigen ſchuld vnns neig. Frow ſo ‖ ſag. Das rns
mag. gottes ſchlag erwende. Hilff das kein menſch verzag
ſit vnſer troſt Je an dir lag. Maria vnſer ſchulde trag.
Das vns die vrteil wolbehag bey den eſſer welten Amen ‖.*

Der Druck umfasste 4 Quartblätter (zu 22—28 Z.), von
denen das erste fehlt; o. Blz., Kust. u. Sign. Die Strophen
sind wie Prosa gedruckt (zu 4—7 Z.) und abgesetzt. Vers-
anfang wird durch Versalbuchstaben gekennzeichnet. Bei der
3. Strophe, die mit C beginnt, wurde der Durchschuss falsch
gesetzt, sodass die Strophe in der Mitte getheilt ist. Am
Versschluss meist Kommata, seltener Punkte, die auch am
Strophenende öfters fehlen. Gedruckt ist mit Kn.'s Type III,
die Inkunabel also frühestens 1481 erschienen. Auf Bl. 3ª

stehen über der 12. Strophe, welche mit dem Namen der
Maria anhebt, 2 Holzschnitte über einander. Der obere stellt
die gekrönte Maria mit dem Christuskinde dar, unter den Füssen
der Gottesmutter die Mondsichel. Die Gewandung ist gut ge-
zeichnet, die Landschaft nur angedeutet. Auf dem unteren
Holzstock findet sich eine rohe Zeichnung von der sich krüm-
menden gekrönten Schlange. Wasserzeichen des Papiers:
Ochsenkopf mit Stange und Stern (auf Bl. 4 theilweise sichtbar).
Ein Exemplar dieses seltenen Druckes, der den Bibliographen
unbekannt blieb, besitzt die Kön. Bibliothek zu Berlin (Inkun.
14688 m).[1]

Der Verfasser unseres Marien-Alphabets oder goldenen
ABC, welchem in den Handschriften der Name Johannes
oder Hermann beigelegt wird, ist aus der Literaturgeschichte
genügend bekannt; vgl. Jos. Ampferer, Über den Mönch von
Salzburg (1864) und Goedeke, Grundriss I² 237. Vorlage unseres Druckes war nicht, wie man leicht glauben könnte, die
bekannte vernichtete Strassburger Handschrift B. 121, welche
neben den Gedichten des Heinrich von Loufenberg auch solche
des Mönchs von Salzburg und speciell das goldene ABC enthielt, sondern eine Einzelausgabe unseres Gedichtes, die als
Einblattdruck bei Joh. Zainer in Ulm (o. J. 2⁰) erschien. Dies
seltene Blatt findet sich aufgeklebt auf dem hinteren Einband-
deckel einer Inkunabel in der Stadtbibliothek zu Augsburg
(Augg. 2102[13]). Der Text desselben ist abgedruckt bei G. C.
Mezger, Augsburgs älteste Druckdenkmale (1840) S. 74 ff.
Ein späterer Abdruck unseres Gedichtes, der 1521 in Augsburg
herauskam (Kön. Bibl. Berlin) und als Titelholzschnitt Maria
mit dem Christuskinde zeigt, geht jedenfalls, wenn auch vielleicht nur indirect, auf die Strassburger Ausgabe Kn.'s zurück.
Die handschr. Texte des goldenen ABC sind veröffentlicht bei
Wackernagel, das deutsche Kirchenlied (1841) S. 646 No. 769
und ebenda II (1867) S. 440—42 (vgl. auch I S. 365—70).

*e) Thomas de Aquino, Tractatulus solennis de arte et vero
modo praedicandi*; o. O. J. u. Dr.; 2⁰. 10 Bl. o. Sign. m. 36 Z.
auf voller Seite; vgl. Hain *1356, wo der Drucker nicht be-

[1] Den Nachweis verdanke ich Herrn Dr. Nörrenberg.

stimmt wird. Das Werk ist mit Knobl.'s Type III gedruckt.
Satzzeichen sind nur Punkte, 6 Holzschnitte; Initialen aus versch.
Alphabeten. Wassermarke des Papiers: *p* mit Zackenfuss und
gestieltem Dreipass.— Hain glaubte wegen der letzten Zeile
auf Blatt 10a *Sequitur arbor*, dass in dem Münchener Ex-
der Baum fehle. Dies ist aber nicht der Fall; vielmehr ist
diese Subscription falsch gesetzt, sie gehört auf Bl. 9a vor den
letzten Textabschnitt, ein Fehler, den diese Ausgabe mit vielen
anderen theilt (vgl. Hain 1352 ff.). Unsere Inkunabel, die ungefähr 1482 anzusetzen ist, giebt sich als ein Nachdruck der (Creuss-
ner'schen) Ausgabe von 1477 (Hain n.*1358) zu erkennen.
Im Catalogue of the library of Dr. Kloss No. 409 ist der Druck
bereits richtig bestimmt, worauf ich gleich nach Erscheinen
unserer Arbeit aufmerksam wurde. Exemplare: Colmar,
München (Staatsbibl) und Strassburg (U. Bibl.)

f) Aesop, deutsch von Heinr. Steinhöwel; o O. J u Dr.; 2°.
Bl. 1 fehlt. Wahrscheinlich war die Vorderseite unbedruckt
und die Rückseite enthielt das Bild Aesops wie in der lateinischen Ausgabe, die Knoblochtzer druckte (vgl. unsere Nr. 37
und dazu Taf. 60). Auf dem von 4 Zierleisten (Taf. 61) ein-
gerahmten Blatt 2a beginnt der Text:
*Hie hept fich an das büch vnd leben des fabel- dichters E-
fopi vß kriechifcher zungen in latin gemacht. Auch etlich ander fabel als Auiani Do ligani. Adelfonfi. vnd etlicher fchipf-
redē Pogij [D]As leben des hochberümten fabeldichters Efopi
auß kriechifcher zunge in latin durch Rimiciū (etc.)*.
Die Vorrede, in der Heinrich Steinhöwel als Uebersetzer
genannt ist, endet Bl. 3a Z. 15. Darauf folgt „*das leben Efopi*",
welches auf Bl. 24a schliesst. Daran reihen sich die 4 Bücher
der aesop. Fabeln; jedem Buch ist ein Register vorausgeschickt.
Es folgen Bl. 57b *die mit laufenden alten fabeln*, Bl. 72a
die neue geteutfchten fabeln von Rimicio, Bl. 79a *die fabeln
Aviani* und Bl. 90a *die gefamelt fabeln*. Auf Blatt 109b
beginnt das Register, welches Bl. 113b Z. 14—15 so endet:
*Hie hatt ein ende das Regifter der gemeinen puncten vnd ma-
teri di;es büchlins*. Bl. 114 (jedenfalls unbedruckt) fehlt.
Der Druck enthielt also 114 Folioblätter, von denen das
erste und letzte in vorliegendem Exemplare mangeln; o. Kust.,

mit den Sign. b i — qiiij. Bl. 25—109 sind gezählt[1]): *Das erft*
blat — *Das lxxxc. Blat.* Einspaltiger Satz. 40—42 Z. auf voller
Seite. Gedruckt ist mit Kn.'s Type III, welche auch für die
Ueberschriften verwendet wurde. Satzzeichen: Punkt und
Komma. An Textholzschnitten sind 192 erhalten, zu denen
noch das fehlende Titelbild hinzukommt. Das Illustrations-
material ist zum grössten Theile dasselbe wie in der lat. Aesop-
ausgabe aus Knoblochtzers Presse. Zwei dort verwendete Holzschnitte (Bl. c 7 b u. o 5a) kehren in unserem Drucke nicht wieder, dagegen hat die deutsche Ausgabe 4 neue Stöcke
(Bl 4a, 14b, 15b, 108a). Die Randleisten auf Bl. 2a sind
die gleichen wie in der lat. Ausgabe (vgl. Taf. 61). An
Holzschnitt-Initialen sind 24 vorhanden und zwar 16 verschiedene Buchstaben, zwei davon sind bisher unbelegt. Für
einige einzumalende sind 3—6 Zeilen eingerückt und die Lettern
klein vorgedruckt. Verschiedene Wasserzeichen des Papiers:
mehrere p mit gestieltem Kleeblatt, Krone, Wappen mit 2 ge-
kreuzten Schwertern und einmal Horn — Unser Druck, der
ungefähr in das Jahr 1483 fällt, fehlt den Bibliographen; er
blieb auch Oesterley und A. v. Keller, Bibl d. lit. Ver. 51 S. 677 f.
sowie Goedeke I² 369 f unbekannt. Das benutzte defekte
Exemplar besitzt die Hofbibl. zu Darmstadt, worauf mich mein
Kollege Dr. Ad. Schmidt aufmerksam machte. Meine Nach-
forschungen nach einem anderen Exemplar waren bisher ohne
Erfolg.

g) Guillermus, Postilla; o. O. J u. Dr.; 2°. 184 Bl. m.
2 Kol. zu 42 Z.; vgl Hain *8243, der den Drucker nicht er-
kannte. Der Beschreibung bei Hain habe ich Folgendes zuzu-
setzen. Der Titel auf Bl. 1a ist ganz in Holz geschnitten. Bl.
2 ist nicht aij signirt, wie Hain angiebt, sondern die Bezeichnung
der Blätter geht von a iij — ciiij. Der Satz zeigt zweierlei
Schrift, Kn.'s Type III u. IV, und zwar ist Type IV für Ueberschriften, den hervorzuhebenden Bibeltext und die ersten Zeilen
der Erklärungsabschnitte verwendet, Type III für die Vorrede
und den erläuternden Text. Bei der Satzeinrichtung wurde
III zu Grunde gelegt, von welcher 42 Zeilen die Spalte füllen.

---

[1]) In der Zählung zwei Druckfehler: XX für XXij und XXXXiij anstatt XXXXVj. Auch bei den Kopftiteln sind einige Versehen.

Für die einzumalenden Initialen ist Raum (2—5 Z.) freigeblieben
ausser für den Buchstaben J, der vom Rubricator an den Rand
gesetzt wurde. Das Papier hat folgende Wasserzeichen: p
mit Zackenfuss und gestieltem Vierpass (2 Arten), Ochsenkopf
mit Stange u. Stern (od. Querbalken).

Das Erscheinen dieses Druckes ist mit ziemlicher Sicherheit in das Jahr 1483 zu setzen. Maasgebend hierfür ist jene
bekannte Stelle im Guillermus-Text selbst (vgl. Beiträge zur
Theor. u. Prax. I S. 38). In unserer Ausgabe findet sie sich Bl.
181b Sp. 1 und lautet: *Jam cui durauit per mille qdringentos z
lxxxiii. annos.* Exemplare in Freiburg (U. Bibl.) und München
(Staatsbibl.).

h) Rosenkranz unser lieben Frauen; o. O. J. u. Dr.; 4°.
Bl. 1a, umrahmt von den 4 schönen Randleisten, welche auf
unseren Tafeln 56, 59 u 63 abgebildet sind, enthält oben fol-
gende Ueberschrift: *Dis ist vnser liebe frowen rosenkrantz || vnd
wie er ist von erften vffkummen.* Darunter hebt der Text so
an: *[H] ye voz eyner zeyt het ein man dy gewonheit | Dz
er alle tag Vnser l liebe frowe macht ein krätz von rosen od'
von blümen (etc.).* Der Text enthält zwei Rosenkranz-Erzäh-
lungen, denen sich Gebete anreihen. Der Schluss lautet Bl.
5b Z. 3—5: *du mir armen ellenden funder figeft ein | mille
helfferin vnd befchirmerin in allez minen noten. Amen.* Bl.
6 (weiss) fehlt.

Die 6 Blätter sind ohne Blattz., Kust. und Sign.; auf
voller Seite 24—25 Z. Gedruckt ist mit Kn.'s Type IV.
Satzzeichen: viereckiger Punkt und langes Komma. Die Randleisten, welche Blatt 1a schmücken, hat unser Drucker auch
sonst verwendet, so im Salomon und Marcolf (no. 34), Presbyter
Johannes (no. 36) und im deutschen Kalender von 1483 (no.
39). Im Texte finden sich zwei ¾ Blatt grosse Holzschnitte.
Der eine (Bl. 1b) zeigt die Jungfrau Maria mit dem Christus-
kind, die einem vor ihr knieenden Ritter einen Rosenkranz
darreicht. Rechts vor dem Waldesrand das Pferd des Ritters
und 2 Männer (Räuber). Das Bild illustrirt die erste Rosen-
kranz-Erzählung. Der zweite Holzschnitt auf Bl. 3a hat folgende Darstellung. Links sitzt Gott Vater auf dem Throne,
neben ihm steht ein Stuhl, mit 3 Rosenkränzen behangen. Rechts

steht die Gottesmutter mit dem Jesuskinde, bei ihr heilige
Jungfrauen und ein Bischof. An den Abschnitten (Bl. 1a, 2a,
3a, 3b u. 5a) 5 in Holz geschnittene Initialen aus verschiedenen Alphabeten unseres Druckers. Papiermarke ist ein ziemlich grosses *p* mit Zackenfuss.

Unsere zierliche Inkunabel, welche den Bibliographen unbekannt blieb, ist beschrieben von Gust. Scherrer, Verz.
der Incunabeln der Stiftsbibliothek von St. Gallen no. 1260.
Scherrer hat die Type nicht erkannt, er vergleicht sie unrichtig mit der Lotharius-Type; in seiner Beschreibung begegnen
kleine Versehen. Mlle. Marie Pellechet ermittelte den Drucker
und machte mich auf das Exemplar der Stiftsbibl. St. Gallen
aufmerksam, von dem sie mir in liebenswürdigster Weise einige
Facsimile-Proben mittheilte.

Vorliegender Druck fällt wohl in das Jahr 1483 oder
1484. Im Jahre 1490 hat H. Knoblochtzer zu Heidelberg, wohin er von Strassburg übersiedelte, einen Neudruck dieses
Werkchens veranstaltet und zwar als Anhang seines Dietrich
von Bern. Vgl. Schorbach, Seltene Drucke in Nachbildungen
II (1894), wo unser Text auf den beiden letzten facsimilirten
Seiten sich findet. Am Beginn des Neudruckes steht derselbe
Initial wie in unserer Strassburger Ausgabe. Manche Fehler
der Editio princeps sind in dem Heidelberger Abdruck verbessert.

i) Antoninus, Confessionale; o O. J. u. Dr.; 4º. 126 Bl. zu
30—32 Z.; vgl. Hain n.*1166, wo als Drucker fälschlich Joh.
Zainer in Ulm angenommen wird. Der Schluss des Textes
(in fetter Schrift) lautet auf Bl. 125 b: *Explicit fermo beati
Johannis , crifoftomi de penitentia* ·:· Das letzte Blatt ist
unbedruckt. Die 4 ersten Blätter sind nicht signirt, von Bl.
5 an die Sign a j—p v (dabei einige Fehler). Für den Text
ist Kn.'s Type III, für die Ueberschrift und Unterschrift Type IV
verwendet; Satzzeichen nur Punkt. 52 Holzschnitt-Initialen,
zum grossen Theil aus des Druckers Maiblumen-Alphabet entnommen. Für viele kleine Anfangsbuchstaben ist Platz gelassen (1—4 Z Höhe). Wasserzeichen des Papiers: verschiedene *p* mit Zackenfuss und gestieltem Vierpass, Ochsenkopf mit Stange und Stern. Der Druck wird ungefähr 1484
anzusetzen sein, welche Jahreszahl in dem einen Marburger

(aus Corvey stammenden) Exemplar mehrfach vom Rubricator beigeschrieben ist z. B. Bl. 122 a: 1484 octā palche. Exemplare: Colmar (defekt), Marburg (doppelt vorhanden), München und in meiner Sammlung.

Das Bild, welches früher von der Strassburger Druckerthätigkeit Knoblochtzer entworfen wurde, hat sich durch diese Nachträge wohl reicher gestaltet, doch fehlt noch mancher Zug zu seiner Durchführung. Neue Funde müssen hier weiter helfen. Noch immer sind drei verschollene Drucke nicht wieder aufgefunden, die ohne Zweifel H. Knoblochtzer druckte. Es sind folgende:

 1.) (Hans Rosenbluet), *Von den 6 Aerzten* und *Der kluge Narr* o. O. u. J. 4⁰ (Panzer, Zus. S. 14 n. 61 d)[1].

 2.) *Melusine*, deutsch, o. O. 1478; 2⁰.

 3.) (*Aretinus*), *Historia Sigismunde et Guiscardi*, o. O. 1482; 4⁰ (Weller, Annalen II S. 378).

Möglicherweise kommen auch die beiden lat. Ausgaben von **Eurialus und Lucretia**, die 1476 u. 1477 zu Strassburg erschienen, in Betracht (Hain n. 228 u. 229).[2]

 Meine Kollegen an den Bibliotheken bitte ich, auf diese Werke zu achten und ebenso auf weitere Drucke, welche mit Knobl.'s Type I und II hergestellt sind, von denen sicher noch manche verborgen liegen. Jeden Hinweis nehme ich dankbarst entgegen.

 Zum Schlusse will ich noch einige Besserungen und Zusätze zu unserer Monographie über Knoblochtzer beifügen.

 Auf S. 4 Anm. 2 haben wir angenommen, dass Johann Knoblauch in Strassburg bereits 1486 gedruckt habe, und zwar auf Grund von Hain n. 15620 und nach Angabe des Catalogue Tross XVIII No. 283. Beide Ausführungen beruhen aber sicher auf einem Versehen. In dem bei Knoblauch erschienenen Druck

---

[1] Der Druck erschien ohne Verfassername, was seine Auffindung sehr erschwert.

[2] Vielleicht hat H. Eggestein beide gedruckt.

von *Trithemius, Sermones et exhortationes ad monachos* findet
sich die Jahreszahl 1486 in dem Absatz, welcher dem Im-
pressum vorhergeht, und bezieht sich auf die Entstehung des
Originals. Die Subscription trägt folgende Datirung: *Anno dñi.
M. D. XVI. die vero. XXV. menfis Augufti.* Entweder
wurde nun diese Zahl von Tross übersehen oder sein Exemplar
war am Ende defekt.   Jedenfalls muss ich es nach meinen
jetzigen Untersuchungen ablehnen, dass Joh. Knoblauch schon
im 15. Jahrhundert gedruckt habe.   Alle ihm von Panzer und
Hain zugewiesenen Inkunabeln sind apokryph und niemals von
einem Bibliographen gesehen worden.

   Zu No. 3] Das Schlettstädter Exemplar der Burgund.
Historie von Hans Erhart Tüsch, welche zu Strassburg i. J.
1477 „typis Reyserianis" gedruckt wurde, ist mir nachträglich
durch gütige Vermittelung des Herrn Bibliothekar Gény zugänglich geworden.   Der Text ist der gleiche wie in dem
Druck Knoblochtzers, doch ist er nicht mit Illustrationen geschmückt.   Die Bestimmung der Druckerei macht Schwierigkeiten, weil die Type für Strassburg noch nicht durch den
Namen eines Typographen belegt ist.   In der gleichen Schriftart
sah ich noch Bruchstücke eines liturg. Werkes, das für die
Diözese Strassburg bestimmt war, auf Pergament gedruckt.[1]

   Zu No. 4.] Ein weiteres Exemplar dieses seltenen Druckes
kam im März 1894 aus der Bibliothek des Comte de Lignerolles in Paris zur Versteigerung (vgl. Catalogue Lignerolles II
No. 1470).   Bei der Auktion erwarb es der Pariser Buchhändler Morgand für 2000 Fr.

   Zu No. 7.] Das Exemplar der Melusine, welches die Hofbibliothek zu Darmstadt besitzt, ist nicht der Knobl.'sche Druck,
wovon ich mich nachträglich überzeugte.

   Für nachstehende Drucke gebe ich neue Fundorte an:[2]
No. 6) Gotha[3]); No. 10) Darmstadt; No. 11) Darmstadt und
Göttingen (defekt); No. 15) Berlin, Kupferstichkabinet[4]);
No. 16) Cassel u. Göttingen[5]); No. 20) Darmstadt; No. 23)

---

[1]) In der Bibliothek des Priesterseminars zu Strassburg.
[2]) Die Ex. der Strassb. Bibliothek sind neue Erwerbungen.
[3]) Vgl. Kristeller, Strassb. Bücher-Illustration. S. 77 No. 2.
[4]) Kristeller, a. a. O. S. 79 No. 16. [5]) Vgl. diese Beiträge I S. 21.

Fribourg u. Strassburg; No. 24) Darmstadt; No. 25) Colmar; No. 27) Colmar u. in meinem Besitz; No. 28) Strassburg; No. 29) Darmstadt und Strassburg (2. Ex. aus der Sammlung des Prof. E. Reuss, defekt)[1]); No. 33 Colmar; No. 34) Colmar und in meinem Besitz (Ex. Trübner); No 35) Colmar, Darmstadt, Göttingen u. Strassburg (Ex. Baron v. Druffel); No. 36) Colmar, Darmstadt, Strassburg[2]); No. 37) Colmar (defekt). Von No. 39, dem deutschen Kalender von 1483, besitzt die Herz. Bibliothek zu Gotha ein zweites Exemplar[3]). Das erste Blatt ist darin, nach gütiger Mitteilung von Dr. Pertsch, weiss.

Für Unterstützung meiner Nachforschungen bin ich den Bibliotheken zu Berlin, Colmar, Darmstadt, Freiburg, Göttingen, Marburg, München und St. Gallen verpflichtet. Oeffentlicher Dank gebührt auch Allen, welche mich aus freien Stücken oder auf meine Anfragen hin durch Nachweise erfreuten.

Strassburg.   Karl Schorbach.

---

[1]) Gegenüber dem 1. Strassb. Exemplar haben das Darmstädter und das Reuss'sche einige Paginationsfehler gebessert.

[2]) Bei diesem Druck können wir denselben Fall beobachten, wie bei No. 3. Auch hier existirt eine Ausgabe typis Reyserianis (Hain *9428), die vielleicht ebenfalls nach Strassburg zu setzen ist.

[3]) Vgl. Kristoller, Strassb. Bücher-Illustration. S. 80 No. 18.

Ein Gutachten Johann Matthias Gesners über die Anforderungen des bibliothekarischen Berufs.

Die Göttinger Universitäts-Bibliothek besitzt eine grosse Sammlung staatsrechtlicher Manuskripte, welche der Kammerpräsident Gerlach Adolph von Münchhausen s. Z. als Komitialgesandter in Regensburg begründet, später vermehrt und Joh. Steph. Pütter zur lebenslänglichen Benutzung überlassen hat, nach dessen Tode sie in den Besitz unserer Bibliothek übergegangen ist. In diesen hie und da auch Stücke abweichenden Inhalts enthaltenden Bänden ist Prof. Wilh. Meyer während der Handschriften-Katalogisierung zweien Gutachten begegnet, auf welche er die Aufmerksamkeit der Verwaltung freundlich gelenkt hat, da sie sich über die an einen Bibliothekvorsteher moralisch und litterarisch zu stellenden Anforderungen verbreiten (Cod. Münchh. t. 22, fol. 439—441 u. 444—447). Schreiber und Verfasser des zweiten dieser Gutachten war der erste Göttinger Oberbibliothekar, der Vertrauensmann und hochgeschätzte Berater Münchhausens: Joh. Matth. Gesner, der vereint mit seinem hohen Gönner bekanntlich den Grund zu dem europäischen Ruf der Bibliothek im vorigen Jahrhundert gelegt hat. Deshalb und da jene Zeit (1748) noch nicht allzureich ist an Versuchen, Fragen dieser Art zusammenfassend zu behandeln, scheinen mir die Ausführungen des damals 14 Jahre im hiesigen Bibliothekdienst thätigen Mannes wichtig genug, allgemeiner bekannt zu werden. Veranlassung zu ihnen hatte die Frage der Neubesetzung der durch den Tod Joh. Dan. Grubers an der Königl. Bibliothek zu Hannover freigewordenen Vorsteherstelle gegeben. Für diesen durch Leibnitz geadelten Posten hatte Münchhausen den dänischen Rechts-

professor Chr. Ludw. Scheidt — vor seiner Berufung nach
Kopenhagen vorübergehend Professor in Göttingen — einen
kleinen verwachsenen, aber ausserordentlich vielseitigen und
gelehrten Mann, der in der Folge eine der einflussreichsten
Stützen des Premierministers wurde, in Aussicht genommen.
Aber wie es Münchhausens vorsichtige Art war, vor Besetzun-
gen wichtigerer Aemter erst das Urteil kundiger Männer zu
hören und zu nutzen, hatte er auch hier von Gesner und dem
Reichshofrat H. Chr. von Senkenberg in Wien zuvor jene
Gutachten über die Anforderungen der Stelle eingezogen. Er
schien nicht abgeneigt, wie es schon zu Leibnitz' Zeiten gewesen, damit das Amt eines braunschweig-lüneburgischen Historio-
graphen, vermutlich wohl aus ökonomischen Gründen, zu ver-
binden. Auf diesen Punkt geht das erste, Senkenberg'sche
Memorandum näher ein, das zu dem richtigen Schluss kommt,
zu dem Landes-Historiographen passe der Archivar besser als
der Bibliothekar: eine Meinung, die freilich nicht durchdrang,
da die Sache zuletzt doch im Sinne der Ueberlieferung entschieden wurde. In bibliothekarischer Hinsicht bieten Senken-
bergs Ausführungen im Uebrigen wenig, da sie nur die land-
läufigen Allgemeinheiten, wenn auch in lateinischen Superlativen,
wiederholen. Ich sehe deshalb von der Mitteilung derselben
an dieser Stelle ab und beschränke mich auf das Gesner'sche
Gutachten, dem ich einige erläuternde Bemerkungen voran-
schicken möchte.

Prüft man auf ähnliche Auslassungen die didaktische Fach-
litteratur etwa von Richard de Bury an bis zum Ausgang
des 18. Jahrb., so findet man, dass sie wesentlich nur die Angabe allgemeiner Charaktereigenschaften des Bibliothekars enthält, ohne auf die wissenschaftlichen Anforderungen näher einzugehen. Genauigkeit, Ordnungssinn, Urteil, Fleiss, Bücherliebe,
Ehrlichkeit, Vorurteils- und Parteilosigkeit, Gedächtnistreue,
Höflichkeit und Gewandtheit werden in wechselnder Zahl und
Folge als unumgängliche Grundforderungen aufgestellt. Höchstens
dass in allgemeinen Wendungen noch gelehrte Bildung, Bücher-
und Sprachkenntnisse, sowie Bibliothekkunde genannt werden.
So bei Hugo Blotius, J. H. Hottinger u. A. Der gutbelesene
Gelehrte galt eben als der geschickte Bibliothekar, falls nur

7*

ein gewisses Mass persönlicher Eigenschaften seiner Gelehrsamkeit die Weihe gab.

Cotton des Houssayes und nach ihm besonders J. G. Schel-
horn sind die ersten, welche auf die Einzelheiten der wissenschaftlichen Vorbildung sich näher einlassen. Die Erkenntnis
bricht sich allmählich Bahn, dass die bequeme alte Forderung
der Polyhistorie, weil mit zunehmendem Wissenschaftsumfang
unerfüllbar geworden, nicht mehr aufrecht zu halten sei und
dass ein Bibliothekamt zwar mannigfaltige, aber eigentüm-
liche Kenntnisse voraussetze.

Damit war der Kampf um die Selbständigkeit des Berufs
eingeleitet, und nun traten, besonders in F. A. Eberts und M.
Schrettingers grundlegenden Schriften, zu Anfang des laufenden Jahrhunderts eingehendere Untersuchungen über Art und Ziel
der Vorbildung auf, denen bis zur Gegenwart zahlreiche weitere
folgten, immer genauer festlegend, was das Amt fordert.

Das ist in grossen Zügen Gang und Inhalt der Litteratur
vor und nach Gesner Es ist nicht zu leugnen, dass innerhalb
dieser Entwickelungsreihe seine durchaus besonnen und klar
begründeten Forderungen eine gewisse anticipierende Stelle ein-
nehmen. Niemand vor ihm hatte sich so eingehend über den
Gegenstand geäussert, die ersten nach ihm erst weit später. Was er
verlangt, findet in dieser Mischung und Besonderheit sich wohl
kaum bei einem Gelehrten, der während der Ausbildung den
bibliothekarischen Beruf als Ziel nicht schon im Auge hatte.[1]
Sind sie nach heutigen Anschauungen in manchen Punkten
auch noch zu weitgehend, besonders in dem, was er über die
Kenntnisse in den Sprachen sagt, so sind doch die engeren
Fachgrenzen dieser Zeit zu bedenken, die immerhin eine grössere
Vielheit des Wissens als heute gestatteten.

Von Einzelheiten seien seine Ansichten über die Pflichten
der Höflichkeit und der Nutzbarmachung der Bücher besonders
hervorgehoben. In ersterer Hinsicht hält er sich ebenso fern
von den Klippen einer selbstgefälligen Unnahbarkeit wie einer
phrasenhaften Unterwürfigkeit. Gleiches lässt sich von vielen
Schriftstellern vor und nach ihm nicht behaupten. Nicht min-

----

[1] Vergl. besonders S. 103 und 104.

der aber auf der Höhe seiner Aufgabe und in naher Fühlung
mit seiner Bibliothek zeigt ihn der zweite Punkt. Es ist bekannt, dass die Göttinger Sammlung im vorigen Jahrh durch
ihre weitreichenden Zugeständnisse an das Publikum eine der
ersten Stellen unter den deutschen Bibliotheken einnahm, sowohl was die damals noch seltene, allgemeine Ausleihung der
Bücher ins Haus, als die liberale Oeffnung der Büchersäle für
jedermann anbetrifft, — Massregeln von grösster Bedeutung,
umsomehr als die Kataloge noch unvollendet, die bibliographischen
Hilfsmittel und die Leseräume allgemein noch unzulänglich waren.
Noch war das Jahrhundert der Liberalität in Benutzungsfragen,
welche durch das praktische Bedürfnis, die drängenden, immer
mehr anschwellenden Büchermassen erst geweckt und gereift
wurde, nicht angebrochen. Gesner hatte damals mit kaum
60000 Bänden zu rechnen, deren Ausnutzung auch wohl unter
beschränkteren Formen des Reglements nicht unmöglich, wenn
auch weniger bequem gewesen wäre. Hier hat also ein freier
Wille, eine ihrer Zeit vorauseilende Einsicht und Dienstbereit-
schaft einen Zustand geschaffen, der recht eigentlich den Ruhm
der Bibliothek, zusammen mit der gleichmässigen Vollständigkeit ihrer Bestände, begründen half.

Der Text des Gesner'schen Gutachtens lautet:

Wie ein Bibliothecarius beschaffen seyn müsse.

Gött. d. 4. Mart. 1748.

Die erfordernisse u. eigenschaften eines geschickten u. rechtschaffe-
nen Bibliothecarii überhaupt zu bestimmen, will sich nicht gar wohl thun
lassen, weil dieselben nach dem unterscheid der Bibliothecken, ihren theilen
u. graden oder stufen nach gar verschieden seyn können. Es giebt z.
E. Bibliothecken, in welchen nur auf diese oder iene gattung bücher
hauptsächl. gesehen wird; andere sollen von ieder art entweder das beste
oder (welches nicht einerley) das rareste oder die grossen Werke in
sich halten. Einige Bibliothecken sollen nur zum Vergnügen u. Gebrauch
ihres Herrn u. besitzers dienen; andere sind dem allgemeinen Gebrauch
gewidmet. Einige sind schon angelegt u. eingerichtet u. mit guten Registern versehen; bey andern sind diese anstalten erst zu machen. Bey
einigen muss sich der Bibliothecarius auch um das Rechnungswesen be-
kümmern; bey andern hat er damit nichts zu thun u. s. f.

Vor dissmal wird gesetzt, es sey von einer Bibliotheck in einer
volkreichen statt, da viele Gelehrten wohnen, oder bey einer Universität
die Rede, welche erst angeleget wird, oder doch in einem stetigen und

ansehnl. wachsthum begriffen ist, welche mit den besten büchern aller
arten so reichl. als es immer seyn kan, versehen u. zum allgemeinen gebrauch eingerichtet u. grössert werden soll. Der aufseher einer solchen
Bibliotheck soll ein Mann seyn, den die Jugend nicht leichtsinnig u. un-
achtsam, das alter oder Schwachheit nicht unvermögend, vergessen oder
verdriesslich macht. Weil er viele leute, auch bisweilen Personen vom
stand sprechen muss, soll er, um seinem amt ehre zu machen, in der
Mine, Rede, Kleidung u. äusserl. betragen nichts lächerliches, unanständiges,
ekelhaftes, unhöfliches haben, sondern den studien ein gut Vorurtheil dadurch zu wege bringen, dass man siehet, der umgang mit einem Heer von
alten u. neuen, grösten theils hoch-Gelehrten von allen Ländern, sprachen
und Zungen habe ihn zu einem bequemen u. zum menschlichen umgang
geschickten Manne, nicht aber zum Pedanten u. Sauertopf gemacht.

Ein edles, grosmüthiges u. über alle unzieml. u. niederträchtige
Gewinnsucht erhabenes Herz ist dem Bibliothecario dessentwegen nöthig,
dass er sich nicht etwa verleiten lasse, im einkauf der bücher seinen
privat-nutzen demselben der Bibliotheck vorzuziehen, oder, welches die
schändlichste art des eigennutzes u. ein formaler Diebstal seyn würde,
etwas von dem, was er zu verwahren hat, der Bibliotheck zu entwenden,
um es in natur zu behalten oder zu Gelde zu machen. Es ist beynahe
eine schande, dass hiervon etwas zu gedenken nicht nur die Vollständigkeit
der abhandlung erfordert. Gleichwie aber der privatnutzen, insofern er zu
Geld angeschlagen werden kan, von den absichten des Bibliothecarii, insofern er solch amt führet, billig ausgeschlossen wird, also ist es eine
lobwürdige eigenschafft desselben, wenn er sich eifrig bemühet, die ihm an-
vertraute Bibliotheck zum nutzen u. beförderung seiner studien anzuwenden u. aus den büchern, so viel ihm immer mügl., lernet. Damit es ihm
nicht gehe wie ienem Spanischen Bibliothecario, von welchem ein fremder
Gesandter gegen den König geurtheilet, er werde sich gut zum Cammer-
meister schicken, wenn man Hoffnung hätte, dass er sich die Königl. Gelder
so wenig, als itzt die ihm anvertrauete Bibliotheck zu nutze machen
würde.

Der Vorgesetzte einer solchen Bibliotheck muss aber auch darinnen
von einem Cameralisten unterschieden seyn, dass er die ihm anvertrauten
Schätze, so viel sich mit erhaltung dessen, was man hier das Capital
nennen kan, ich meine der bücher selbst, thun lässet, gemein mache,
nicht nur den fremden u. in der statt wohnenden Gästen mit einer vorkommenden Leutseligkeit u. Dienstfertigkeit begegne, sondern auch alle
mügliche würkliche Hülfe zu ihren absichten leiste u. sich die unhöflich-
keit und undankbarkeit eines grossen theiles der so genannten Gelehrten
nicht abschrecken lasse, eines ieden studien u. bemühungen durch treu-
liche anzeige u. willige darreichung dessen, was ihm dienen kan, zu be-
fördern.

Zu dieser Pflicht rechne ich aber nicht, dass er, wie ein Küster
in einer alten Kirche, bey allen gästen seinen Spruch anhebe, und zum

Verdruss derer, die ihre Zeit besser anzuwenden wissen, und ohne nutzen
derer, die nur das Maul aufzusperren pflegen, hersage. Es ist genug, wenn
er überhaupt von der Einrichtung der Bibliotheck u. von ihrer besondern
Stärcke, wenn sie dergl. hat, das nöthigste kürzlich saget, im übrigen
aber sich erbietet, dem besondern Verlangen ein Genügen zu thun, oder
erforschet, mit welcher art büchern dem Gast am meisten gedienet, und
endl. vor die, welche verbotene oder sonst rare bücher vor das merk-
würdigste halten, eine partie von solchen suchen parat hält. Summa wie
bey aller Höflichkeit überhaupt, also auch mit derselben eines Bibliothecarii kommt es darauf an, dass er einen ieden so tractiret, wie es ihm
vermuthl. am angenehmsten ist, u. wie er in dergl. umständen tractirt zu
werden wünschte.

Das hauptsächlichste aber, das von einem Bibliothecario unter den
oben gesetzten umständen erfordert wird, ist eine etwas weitläuftige Erkänntnis nicht nur der titul u. Preise der bücher, (wie wohl auch diese
nicht zu verachten u. nicht zu weitläuftig und ponctuel seyn kan) sondern auch des Inhalts u. der innern beschaffenheit, güte u. wehrtes derselben. Zu solchem ende ist nöthig, dass er unterschiedene Sprachen
verstehe, z. E. um der Bibel-ausgaben willen Ebräisch, Syrisch, Arabisch,
Samaritanisch, Aethiopisch zum wenigsten etwas lesen könne, Griechisch
aber um der Kirchen- u. profan-Scribenten willen in einiger Vollkommen-
heit u. bis zur critic wisse, auch der neu Griechischen sprache um einiger
Byzantinischen Geschichtschreiber, ingleichen allerhand Liturgischer
bücher willen, nicht unkundig sey. Der Lateinischen sprache soll er von
rechtswegen so mächtig seyn, dass er vom Stil urtheilen u. mit aus-
ländern correct u. richtig Lateinisch sprechen könne. Von den neuern
sprachen sind Französisch, Italiänisch und Englisch unentbehrl. Spanisch
wird von niemand eher als von einem Bibliothecario erwartet. Die Nor-
disch u. Dänische Sprache fangen auch an beträchtlich zu werden.

Den büchern der andern sprachen soll er es zum wenigsten ansehn
können, ob sie Ungarisch, Polnisch, Böhmisch sind — der alt-nieder- u.
plat-deutschen Dialecten nicht zu gedencken. Hierher gehört auch die
Latinität der mittleren zeiten, wie sie in den Geschichtschreibern, alten
Gesetzen u. d. g. vorkommt. Mit einem Wort, von den Sprachen, in denen
auf der Bibliotheck vorhandene bücher geschrieben sind, soll der Bibliothecarius nach Proportion eine erkänntnis haben oder nachricht zu finden
wissen.

Die Gelehrten-historie nach allen ihren theilen, d. i. die Geschichte
der Gelehrsamkeit, der Gelehrten u. ihrer bücher ist die eigentl. Wissen-
schaft des Bibliothecarii, welche er am besten lernen, gebrauchen, lehren
kan. Dieser theil muss in einer ieden öffentl. Bibliotheck wohl besetzt
u. dem Bibliothecario besonders geläufig seyn. Dieses erfordert der Nutzen
der Bibliothec bey erwehlung, ordnung, beurtheilung der bücher, dieses
giebt die angenehmsten Gespräche u. unterhaltungen u. s. f.

Jedoch die Gelehrtenhistorie ohne die übrige Gelehrsamkeit ist

seicht, trocken oder gar marktschreyerisch. Wer nur von hörensagen
oder aus einem compendio oder Gelehrten-Lexico hat, dass Cuiacius ein
grosser Jurist, Hippocrates der erste Systematische medicus u. Chryso-
stomus ein beredter Mann gewesen, wer die bücher u. ihre Urheber nur
aus andern büchern u. nicht aus einigem umgang mit ihnen selbst kennet,
dessen erkänntnis ist ihm u. andern wenig nutze u. kan wohl einem
buchhändler, item einem in eigentl. Verstand so genannten Custodi einer
Bibliotheck hinreichend seyn, von einem Bibliothecario aber erwartet
man eine mehrere bekanntschaft zum wenigsten mit den ansehnlichsten
büchern ieder Classe.

Jemehr er also von den so genannten 3 höhern Facultäten, von
der Historie aller Völker u. deren Hülfsmitteln, von der natürl. Historie
u. Physic, von der Mathematic, von den Wercken der Kunst, von allem
was sehens- u. merkwürdig ist weis u. verstehet, ein desto würdigerer
Bibliothecarius ist er. Je weniger er von iedem theil der Gelehrsamkeit,
von ieder art der bücher weis u. mit grund u. guter manier sagen kan,
desto öfter läuft er Gefahr, in seinen Verrichtungen zu verstossen, seinen
Gästen kein Genügen zu thun, mit sich selbst, wenn er aufrichtig ist,
nicht zufrieden zu seyn u. s. f.

Er muss endlich einen Geschmack der Schönheit, Ordnung, Rein-
lichkeit haben, um auch denen, die nur von dem äusserl. urtheilen können,
so viel die innerliche einrichtung leiden will, einiges Genügen zu thun:
wenn neml. die umstände u. einkünfte der Bibliotheck so beschaffen sind
dass man durch allerhand Verzierungen, halbe vorhänge, blendungen etc.
dieienigen ungleichheiten u. lücken, welche nothwendig entstehen, wenn
die bücher zum bequemen Gebrauch der Gelehrten aufgestellet werden
sollen, aufhebet. Hingegen muss er sich durch den anschein der äusserl.
Schönheit nicht verleiten lassen, die innerliche u. wesentl. ordnung, welche
die wahre u. eigentl. Schönheit ausmachet, zu sehr zu unterbrechen.

Göttingen.   Johannes Franke.

Leder und Holz als Schreibmaterialien bei den Aegyptern.

I.

Die Materialien, auf denen die Aegypter geschrieben haben, waren sehr mannigfaltiger Art. Aehnlich wie die Chinesen, nur in ungleich höherem Masse, haben die Aegypter Schrift als Ornament zur Verwendung gebracht, und zwar wie jene hauptsächlich aus übergrosser, halb naiver Lust an der wundervollen Kunst des Schreibens, einem Behagen, das bei der Stellung, welche in Aegypten den Schriftgelehrten zufiel, besonders leicht erklärlich ist. In einer Unzahl von Fällen haben die Hieroglyphen, denen wir auf den verschiedenartigen Denkmälern begegnen, nicht mehr zu bedeuten als beispielsweise in der Ausschmückung der Alhambra der Spruch „Es ist kein Ueberwinder ausser Gott", der darin bis zum Ueberdrusse immer in den gleichen Schriftschnörkeln wiederholt auftritt; nur dass etwas Aehnliches wie die religiösen Bedenken, welche bei den Bekennern des Islam der Abbildung lebender Wesen Schranken gezogen und damit die Verwendung von Zierschrift befördert haben, für die Aegypter nicht in Betracht kam. In ihren Augen waren von vornherein Schreiben, Zeichnen, Malen engverwandte Begriffe. Dieselbe Hieroglyphe 𓏞 bezeichnet ihnen das Eine wie das Andere und stellt das „Handwerkzeug" vor, dessen ebensogut der zeichnende und farbengebende Künstler wie der Kanzlist sich bediente. In vielen Anwendungen gehörte ausserdem die Schrift wie das Bild zu den magischen Mitteln, von denen, besonders auf Stoffen von eigenartiger Beschaffenheit, vermeintlich übernatürliche Wirkungen ausgingen. Auch gab das Concrete, Sprechende, Prägnante und Buntbelebte, das an sich im Wesen der Hieroglyphenschrift lag, der Inschrift,

selbst in der Verwendung als Flächendecoration, einen Reiz,
der offenbar für den Geschmack der Aegypter etwas so Zusa-
gendes hatte, dass von ihnen darüber die Ausgestaltung und
Ausnutzung selbst der wenigen ihrer Kunst ursprünglich eigenen und geläufigen rein ornamentalen Gebilde vernachlässigt
wurde, ohne dass sie freilich, was immerhin Anerkennung verdient, bis zu dem ästhetischen Misgriffe vorgehn, mit dem die
Urheber der Keilinschriften so überaus oft die Schriftreihen
quer über bildliche Darstellungen hinweggeführt haben.

Die Auswahl an Material freilich war im Nilthale keine un-
begrenzte. Es gebrach an einer Thonart, die besonders geeignet
gewesen wäre daraus etwas den thönernen Schrifttafeln der
Babylonier und Assyrer Aehnliches zu verfertigen; das sieht
man an den Gefässen einheimischen Fabrikats. Und war es
nicht viel weniger mühsam, für ephemere Zwecke lieber eine
schlichte Topfscherbe, oder noch besser, nachdem bei den ersten
Versuchen im Steinbau alsbald ermittelt war, wie hübsch mit
den ägyptischen Tuschen auf Kalkstein sich zeichnen und
schreiben liess, eines jener scherbenförmigen Kalksteinbruch-
stücke[1]) zu nehmen, die es auf jedem Steinmetzplatze und in
jedem Steinbruche bis südwärts über Edfu hinaus in Menge
aufzulesen gab? Sind doch jene Thontäfelchen ihrem Ursprunge
nach lediglich ein Notbehelf. Blätter, auf denen sich hätte
schreiben lassen, liefern weder die Dattel- noch die Dumpalme,
noch gab es eine Rohrart, die solche Schreibtafeln geliefert
hätte wie die Bambusbrettchen, die nach der Ueberlieferung
Chinas ja im fernen Osten Asiens zu dem frühesten Schreibmaterial gehört haben. Es darf das wol hervorgehoben werden, da sichtlich die Zeichen der Keilschrift und der chine-
sischen Schrift in ihrem ganzen Habitus sich der Beschaffenheit
der gangbarsten Schreibmaterialien in ungleich höherem Masse
haben anbequemen müssen, als dies mit den ägyptischen Schrift-
zeichen der Fall gewesen ist. Einerseits hat die ausgiebige
Verwendung der Hieroglyphen als eines Schmuckes namentlich

---

[1]) Vgl. die Beschreibung der ägyptischen Ostraka in: Inscriptions
in the hieratic character from the Collection of the British Museum. Pre-
fatory Remarks 3.

in der monumentalen Kunst diese Bilder in Gebrauch erhalten,
als es seit undenklichen Zeiten schon daraus abgeleitete cursive Zeichen für Buch-, für Acten- und Geschäftsschrift gab,
sodass immer von neuem die alten Grundformen auf die Entwickelung der Cursive einwirkten und diese erst ganz spät ins
Stenographische ausarten liessen. Andererseits aber war doch
das hauptsächlichste Schreibmaterial, das die Aegypter hatten,
der Papyrus, ein Stoff, der ebensogut die complicirtesten ab-
bildenden Zeichen zuliess, wie er der Vereinfachung des ur-
sprünglichen Bildervorrats die denkbar geringsten Hindernisse bot.

Selbst zu regelrechten Schriftstücken haben jedoch die
Aegypter seit altersher keinesweg, wie vielleicht, z. B. nach
den Ausführungen von Lepsius (Chronologie 32), zu erwarten
sein würde, ganz ausschliesslich Papyrus genommen. Ebenso
alten, wenn nicht älteren Datums, ist dafür bei ihnen, wie schon
S. Birch (Zeitschr. f. ägyptische Sprache 1871 S. 104) hervorgehoben hat, die Verwendung von Leder gewesen. Doch
scheint sie immer nur in ganz vereinzelten Fällen vorgekommen
zu sein. Wir würden sonst weit mehr Lederhandschriften
ägyptischer Herkunft besitzen; denn wenn auch einige der wenigen noch vorhandenen Proben sich in einem ausserordentlich
schlechten Erhaltungszustande befinden, so zeigen doch andere,
dass geraume Zeit bevor das Pergament den Namen erhielt,
der ihm verblieben ist, die Aegypter sich sehr wol darauf verstanden, aus Tierhaut ein schönes, unter günstigen äussern Bedingungen hinreichend dauerhaftes, pergamentartiges Schreibmaterial zu bereiten.

Als Benennung dafür kommt in einer frühestens der Ptolemäerzeit angehörenden Inschrift des Tempels zu Dendera das
Wort *ebh* vor, das hier in der hieroglyphischen Schreibung
durch ein beigefügtes Determinativzeichen deutlich als Name
eines dem Tierreiche entnommenen Gegenstandes gekennzeichnet wird. Es bedeutete jedoch nicht bloss diesen Gegenstand,
sondern war auch, in der Schrift entsprechend anders deter-
minirt, der Name eines gewebten Stoffes,[1]) ist im Koptischen

------

[1]) Nicht von „Leder", sondern von dem Gewebe *ubaht* ist z. B. auch
die Rede im Papyrus Koller (Wiedemann, Hieratische Texte XII 1); vergl.
G. Maspero, Du genre épistolaire S. 30 Anm. und Brugsch, Wtb. V 312.

in der Form *ubaš* erhalten, dem regelrechten Lautwechsel gemäss daher *ubaḫ* zu vokalisiren und geht seiner Etymologie
nach auf den Begriff des „Hellen“, des „Weissen“ zurück.
Gemeint war also keineswegs schlechthin „Haut“, „Fell“
(Brugsch Wörterbuch II 250), sondern ein daraus gewonnenes
Präparat von weisslichem Aussehn (Chabas, Zeitschr. f. ägypt.
Sprache 1865 S. 92; Birch a. a. O.), also Pergament. Un-
mittelbar hinter diesem Worte folgte in derselben Inschrift die
jetzt unleserliche nähere Angabe des Rohstoffes. [1) An den
andern Stellen, an welchen von Handschriften auf Tierhaut
die Rede ist, wird dafür kein terminus technicus wie der vermutlich erst ganz nachträglich entstandene eben erwähnte, sondern der Ausdruck *'rt nt dḫr* gebraucht. Das Wort *'rt* (Chabas
a. a. O. Goodwin ebd. 1867 S. 48), mit Fortlassung des *t* der
Femininalendung *'ry*, auch *'rw* geschrieben, hat Brugsch (Wtb.
I 208) mit dem hebräischen עוֹר *'ôr* „Fell“, „Haut“ zusammengestellt. Erman (Zeitschr. d. Morgenländ. Gesellsch. XLVI
109) rechnet diese Zusammenstellung zu den unmöglichen. Sie
scheint auch sehr zu beanstanden, besonders weil *'ôr* Masculi-
num ist, dann aber auch wegen des Bedeutungsunterschiedes.
Doch bildet *'ôr* den Plural der Feminina, und das Phönizische
hat auch im Singular nicht *'ôr*, sondern עָרֹת *'orat* (Opfertarif
von Karthago 2. 3. 4. 5., Marseille 4. 6. 8. 10; Schröder,
Phöniz. Sprache S. 170. 244, gegen M. A. Levy, Phöniz. Wtb.
38) Das ägyptische *'rt* steht wol im etymologischen Zu-
sammenhange mit dem Zeitworte *irt* „einhüllen“, „umwickeln“,
„bekleiden“ (Brugsch, Wtb. V 118). Zu dem Begriffe „Haut“,
„Fell“ würde von hier aus zwar kein weiter Weg sein, doch
kommt das ägyptische *'rt* in dieser Bedeutung nicht vor. Es
bezeichnet ein Buch in Rollenform und zwar vorzugsweise ein

---

[1]) Ob so deutlich *ḫ'r* zu erkennen ist, wie in Mariette's Publication (Dendérah III 78 n. 37), aber auch bei Brugsch (Wtb. I 250) und in Dümichens
zweiter Publication (Baugeschichte Taf. 1a) im Gegensatze zur ersten zu lesen
steht, muss dahingestellt bleiben. *ubaḫ nt ḫ'r* würde bedeuten „Weissstoff von
Haut“. *ḫ'r* ist *ḫa'r* zu vokalisiren. Es ist ein Wort der Vulgärsprache, die
mit Beginn des neuen Reichs aufkommt, und ist dasselbe wie *šar*, *šaar*, das im
Koptischen (vgl. z. B. Amélineau, Monuments p. s. à l'hist. de l'Égypte chré-
tienne S. 8) das gewöhnliche Wort für „Haut“ ist. Vergleiche auch Brugsch
Wtb. III 1057 unter χⲁⲣ und III 1105 unter χⲉⲛⲣⲩ.

Buch aus Haut, doch auch „Buch" überhaupt, so auf Inschriften des Tempels von Esne (Goodwin a. a. O.; Brugsch, Thesaurus II 380, 1. 386 D) das „Buch der Götter und Vorfahren" und das „Buch vom Krokodilzauber des Hika im Lande von Snê". Wäre nicht diese Verallgemeinerung, so würde unnötig gewesen sein, dass zu 'rt so häufig eigens hinzugesetzt wird *nt dḥr* d. h. „von Leder". *'rt nt dḥr* ist daher eine „Lederrolle", *'rw žôm'* (Pap. Anast. 5, 11, 1 = Sallier 1, 3, 10; Chabas a. a. O.) dagegen eine „Papyrusrolle".

Das der Vulgärsprache des neuen Reichs entstammende Wort *žôm'*, das früher gelegentlich irrtümlicherweise auch mit „Pergament" übersetzt worden ist, hat übrigens eine ganz ähnliche Geschichte durchgemacht. Es bezeichnet zunächst nur den Papyrusstoff und zwar nicht bloss den zum Schreiben, sondern auch den zu anderweitiger Verwendung, z. B. Schuhwerk, hergerichteten (Piehl, Dictionnaire du papyrus Harris No. 1, 112; Brugsch, Wtb. VII 1392). Wie Dümichen (Bauurkunde der Tempelanlagen von Dendera S. 17) meint, bedeutet *žôm'* etymologisch etwas „Zusammengerolltes", „Bündel", „Rolle". Dann würde das aber nur auf den Papyrusstengel und dessen Substanz gehen können. Es ist ein Wort, das sehr mannigfaltig verwendet wird, z. B. da wo von noch unbeschriebenem, „neuem" Papyrus die Rede ist (Todtenbuch 162, 9. Pleyte, Chapitres supplémentaires I 57. II 26; Chabas, Voyage d'un égyptien 40; Brugsch, Wtb. IV 1696), wo Actenrollen stückweise inventarisirt werden (Zeitschr. f. ägypt. Sprache 1876 Taf. I; Erman, Aegypten I 167; v. Bergmann, Hieratische u. hierat.-demot. Texte VI). Es wird allmählich aber die allgemeine Bezeichnung für „Buch" (Brugsch, Wtb. 1628. 1696; Grammaire démotique 35; J. J. Hess, Glossar zum Gnost. Pap. London S. 17; W. N. Groff, Les deux versions démotiques du décret de Canope 47; Lepsius, Zeitschr. f. ägypt. Sprache 1867 S. 72), die es im koptischen *žôm, žôme* (Zeitschr. f. ägypt. Sprache 1885 S. 71), *žôôme* geblieben ist [1])

---

[1]) Während der demotische Text des Decrets von Kanopos für βύβλος „Buch", des griechischen Textes žom' hat, steht dafür in dem hieroglyphischen Texte das ältere Wort, an dessen Stelle in der Vulgärsprache žom' getreten ist, nämlich šft, ursprünglich šfd. Es bedeutet zunächst ebenfalls das Blatt

Wir haben die authentische Nachricht in den Annalen
Thutmosis III., dass dieser König nach seinem Siege bei Me-
giddo die Kunde davon „auf einer Lederrolle im Tempel des
Ammon verewigen" liess (Lepsius, Denkmäler III 32, 23;
Brugsch, Thesaurus V 1163, 12). Aus der Regierungszeit
seines Sohnes Amenophis II. (vgl. Erman, Die Märchen des
Pap. Westcar II 36) datirt eine geschäftliche Notiz auf der
Rückseite einer noch vorhandenen hieratischen Handschrift auf
Leder aus Theben, Nr. 29 des Museums zu Berlin, die Ludwig
Stern veröffentlicht hat (Zeitschr. f. ägypt. Sprache 1874; S.
Reinisch, Chrestomathie II 48. 49, wo das Material irrthümlich
als Papyrus bezeichnet ist; F. Chabas, Choix de textes égyptiens 7—9). Sie ist im Durchschnitt etwa 30 Centimeter hoch;
ein Palimpsest, das jetzt zwei Columnen Text von je 19 Centimeter durchschnittlicher Breite hat. Danach ist dieser Text,
eine dichterische Schilderung der Gründung eines Tempels zu

Papyrusstoff, dann die Buchrolle, das Buch (Brugsch, Wtb. IV 1385; Pap.
Prisse II 5; Mathemat. Handbuch hrsg. v. Eisenlohr S. 28; Taf I 3; vgl. Zeitschr. f. ägypt. Sprache 1868 S. 109; 1875 S. 40; 1875 S. 93. Pap. Brit. Mus.
10081; vgl. Zeitschr. 1871, 117; Transactions of the Society of Biblical Archaeology IX 207; Inschrift von Edfu, Zeitschr. 1872 S. 3; Dümichen, Tempel-
Inschr. I 97, 9; vgl. Zeitschr. 1872 S. 4). — Als eine ältere Form von ž o m'
betrachtet Brugsch (Wtb. VI 861) mit Unrecht mžy. Uralt ist das Wort allerdings, denn es kommt bereits in einem der Pyramidentexte vor (Wnis 601;
in dem Paralleltexte Pepy II 749 ist eine Lücke an der Stelle), in der Form
mžt (Plur.). Dass es sich um Schriftstücke handelt, beweist das Determina-
tivum, aber nicht um Bücher kann es sich handeln, denn es heisst dort von
dem wiederaufgelebten König: „Es entbietet N. N. seine Erlasse, es siegelt N. N.
seine mžt, er schickt seine Boten aus"; mžt hat also etwa die Bedeutung von
Firman. Hiermit erklärt sich auch wenigstens die demotische Wiedergabe des
rätselhaften Priestertitels πτεροφόροι (Brugsch, Wtb. II 732; Letronne, Oeuvres
choisies I 2, 286; Dümichen, Geographie des alten Aegypt. 290). Es sind die
„Schreiber der heiligen Decrete". der „Gottesdecrete". Nach dem Zusammen-
hange, in welchem die πτεροφόροι in der Rosettana vorkommen, würden sie
allerdings diese „Decrete" mehr zu verwahren als abzufassen haben. Mit dem
Einwande gegen die Verallgemeinerung des Lautwerts für das Bild der Schrift-
rolle, den Brugsch aus dem Demotischen entnimmt, hat Piehl (Zeitschr. f. ägypt.
Sprache 1886, 17) an sich recht; doch ist ḥtp im Grabe Ramses III. wol nur
ein Versehn und für diese Zeit š't der gangbare Lautwert. Brugsch (Aegyp-
tologie 151) führt später diesen auch richtig an, gibt dabei aber dem Worte
žom' unrichtig die Grundbedeutung „Volumen".

Heliopolis durch Amnemhe't I. und Wosertesen I., etwa zwischen
1450 bis 1400 niedergeschrieben, gehört jedoch der Literatur
einer früheren Zeit an, der des mittleren Reichs, ist also nur
Abschrift. Ganz ähnlich steht es mit einer höchst mangelhaft
erhaltenen hieratischen Lederhandschrift im Louvre und einer
ebenfalls sehr beschädigten, stark nachgedunkelten, im Britischen
Museum. Sie gehen dem Alter der Schrift nach mindestens
auf die Zeit der 19. Dynastie (etwa 1400 bis 1200 v. Chr.)
zurück, wenigstens nach dem Urteile Th. Devéria's (Catalogue
des manuscrits égyptiens du Louvre 199) und S. Birch's
(Zeitschr. f. ägypt. Sprache 1871 S. 118), sind aber Abschriften
von stilistischen Musterleistungen ebenfalls aus der Literatur
des mittleren Reichs. Jedenfalls dem Zeitraume der 19. Dynastie, nämlich der Regierungszeit Ramses II., gehört die am
besten erhaltene Handschrift auf Tierhaut an, die wir haben.
Sie stammt aus Theben, wurde zuerst von Aug. Eisenlohr
(Zeitschr. f. ägypt. Sprache 1885, 53) erwähnt, ist in den Besitz des Louvre Museums übergegangen und mit gutem Facsimile von Ph. Virey (Mémoires de la mission archéolog. fran-
çaise au Caire I fasc. 3) veröffentlicht worden. Sie ist aus
zwei Pergamentstücken zusammengesetzt, die mit einer saubern
Doppelnaht aneinandergesteppt sind, ist M. 1,85 lang und im
Durchschnitt etwa 27 Centimeter hoch, und kennzeichnet sich
ebenfalls als Palimpsest, doch wird in diesem Falle das Pergament zu Aufzeichnungen derselben Gattung gebraucht gewesen
sein, wie sie gegenwärtig in dem abbreviaturenreichen Hieratisch
der Geschäftsbücher darauf stehn. Es sind amtliche Meldungen
von der Hand eines Kronintendanten. Ueber einer Reihe von
Stellen eines noch leserlichen Textabschnitts steht das Schrift-
zeichen für „nicht". Virey's Erklärung, dass dieses nicht jene
Stellen sondern den ganzen Abschnitt als ungültig habe
ausschalten sollen, erscheint mir weniger ansprechend als seine
Ansicht, dass Pergament zu diesen Rechnungsübersichten genommen worden sei, weil allmonatlich die Benennung einer
grossen Zahl von Positionen dieselbe blieb, und Aenderungen
hauptsächlich nur in den ziffermässigen Angaben vorkamen,
die sich columnenweise abwaschen liessen. Zutreffend wird in
dieser Auffassung jedenfalls sein, dass zu bestimmten Zwecken

Pergament als der derbere Stoff vor Papyrus den Vorzug erhalten hat, freilich nicht bloss des Abwaschens wegen, denn
auch Papyrus liess ohne Mühe durch Abwaschen sich wieder
säubern, und wir besitzen noch Papyrusblätter, auf denen schon
im Altertum, um nochmals darauf schreiben zu können, in
dieser Weise ganze Columnen Schrift beseitigt worden sind.
Jene literarischen Erzeugnisse des mittleren Reichs werden auf die
Lederrollen, auf denen sie sich vorfinden, nur geschrieben
worden sein, weil sie — wahrscheinlich als Schulbücher, als
Vorlagen für Uebungsstücke und dergl. — häufig in die Hand
genommen werden sollten, und dieselbe Rücksicht auf die
Festigkeit des Stoffs wird auch obgewaltet haben, wo auf Leder
oder Pergament Geschäftsbücher für tägliche Eintragungen oder
Geschäftstabellen zur täglichen Orientierung angelegt wurden.
Bei solchen Rechnungsübersichten, wie deren Virey's Handschrift aufweist, kam wol auch mit in Betracht, dass Pergament
sozusagen breiter im Stück lag als Papyrus und daher dem
Kalligraphen für grosse Aneinanderreihungen der ausserordentlich ins Breite gehenden langgeschwänzten hieratischen
Ziffern ungleich mehr Spielraum darbot als Papyrus, bei dem
die Columnenbreite doch mehr eingeschränkt war, da die Schreiber
die Stellen, an welchen die zu einer Rolle zusammengesetzten
Blätter aneinandergeklebt waren, gern freiliessen. Dass Thutmosis III. den erwähnten Siegesbericht auf einer Lederrolle in
den Reichstempel des Ammon stiftete, mag nicht bloss auf einer
Unterschätzung der Dauerhaftigkeit des Papyrus beruht haben;
es scheint auch dass die Aegypter Leder für ein besonders
altertümliches und daher gerade für nicht profane Zwecke besonders geeignetes Schreibmaterial ansahen. Es ist in diesem
Sinne bezeichnend, dass z. B. in einer Inschrift des Tempels
von Dendera es von einem angeblich aus der Zeit der „Horus-
Gefolgschaft", d. h. aus Aegyptens vorgeschichtlicher Zeit herrührenden, sicher völlig apokryphen Bauentwurfe heisst, er sei
„in alter Schrift geschrieben auf Pergament" gefunden worden
(Dümichen, Bauurkunde S. 18f., Taf. XV 36f.; Baugeschichte
von Dendera S. 14 u. Taf. 1 a; Mariette, Dendérah III 78, n,
37; dazu Chabas, Zeitschr. f. ägypt. Sprache 1865 S. 91ff.;
Goodwin, ebd. 1867 S. 49 ff.; Dümichen, Geographie des alten

Aegyptens S. 138). Ein Bestand an solchen vorgeblichen
Urkunden aus der begnadigten Urzeit, in der noch die
Menschen von den Göttern selber die richtige Verehrung
der höheren Wesen erlernt hatten, gehörte offenbar zu jedem
vollständigen Tempelinventar wenigstens bei Heiligtümern
ersten Ranges. So gehören auch dem Tempel zu Edfu, wie
eine Inschrift des Bibliotheksraumes angiebt, „viele Kästen
mit Büchern und grossen Lederrollen" (Zeitschr. f. äg.
Sprache 1871 S. 43; E. de Rougé, Inscriptions recueillies à
Edfou II S. 121), ebenso dem Tempel von Philae „Satzungen
des Gaues auf Rollen von heiligem Leder" (Dümichen, Baugeschichte S. 11). Obgleich die Aussagen der Aegypter über
die Auffindung alter Schriftstücke an Glaubwürdigkeit der Regel
nach nicht höher stehn als die analogen der Chinesen (Chabas,
Mélanges égyptologiques III 2, 245 Anm. 6; Wiedemann, Geschichte Aegypt. von Psammetich I. bis Alexander S. 15), so
gibt es doch Ausnahmen. Eine solche haben wir in einem
Papyrus des Britischen Museums (Nr. 10081), der selbst allerdings
erst aus der Ptolemäerzeit herrührt, unter anderm aber
ausser einem Texte, welcher aus einem in der Bibliothek des
Osiristempels von Abydos zur Zeit Thutmosis III. oder (?)
Amenophis III. aufgefundenen Papyrus stammen soll, einen
zweiten enthält, von dem dort gesagt wird, dass er in der Bibliothek des Osiristempels in der Zeit des seligen Königs . . .
mê't-Rê', d. h., wie vermutet wird, *Neb-mê't-Rê'* = Amenophis III., auf einer Lederrolle entdeckt worden sei. Dieselbe
Angabe wiederholt sich mit den betreffenden Texten auch auf
zwei andern Papyrus, die sich in derselben Sammlung befinden
(n. 10255 und 10319), und an ihr ist zweifellos etwas Wahres,
denn die Texte, die uns so überliefert sind, müssen, wie Sprache,
Orthographie und Inhalt ausweisen, lange vor den Tagen der
18. Dynastie, der Thutmosis und Amenophis, entstanden sein;
sie gehören zu den aus Aegyptens fernster Frühzeit stammenden
magischen und rituellen Formeln, die wir hauptsächlich aus
den Inschriften der Pyramiden von Königen der 5. und 6. Dynastie kennen (Birch a. a. O. 1871 S. 117; Renouf im Vorwort
zu den Egyptian Texts of the earliest period from the coffin of
Amamu with translation by S. Birch, und Transactions of the

8

Society of Biblical Archaeology IX 295 ff.). Leider beruht die
Identifizierung des für die Auffindungszeit des zweiten dieser
Texte angeführten Königsnamens lediglich auf hypothetischer
Ergänzung einer Gruppe von Zeichen, die nachweislich ebenso
unverständlich oder mindestens vieldeutig, wie sie uns ohne
diese Ergänzung ist, bereits in den Vorlagen der noch erhaltenen drei Abschriften gestanden hat. Ja, in den Vorlagen
hatten die Abschreibenden den Namen *Neb-me̍t-Rē̍* unmittel-
bar vor Augen, nämlich in der Fundnotiz des andern darin enthaltenen aufgefundenen Textes. Warum hat denn von ihnen
keiner jene Ergänzung der Zeichen . . . *me̍t-Rē̍* für selbstver-
ständlich gehalten? Doch wol aus dem guten, noch heute
triftigen Grunde, dass die conventionelle Schreibung des Namens
Neb-me̍t-Rē̍ eine ganz andere Anordnung der Zeichen erfordert,
nämlich *Rē̍-neb-me̍t*, aber nicht . . . *me̍t-Rē̍*. Am Ende des
Königsnamens steht das Zeichen ⊙ (= *Rē̍*) — abgesehen von
den in unserm Falle garnicht in Betracht kommenden Gruppen:
Lepsius, Königsbuch Nr. 349 n[1]; 611a und E. Brugsch-U.
Bouriant, livre des rois Nr. 507 — nur in der Reihe von Herr-
schernamen des Turiner Papyrus, die in die Zeit der 14.—15.
Dynastie fallen (z. B. Lepsius, Königsbuch 281, 285, 287, 314).
Um einen Namen aus dieser Reihe mag es sich handeln, wenn
nicht schon in alter Zeit ⊙ nur Lesefehler war. Man könnte
sonst etwa sogar an Τχυέρης denken, den achten König der
5. Dynastie, den *Me̍t-ke-Rē̍* der Tafel von Sakkara. Alt genug
ist wenigstens der überlieferte Text dazu. Auch in der andern
eben erwähnten Fundnotiz, die wörtlich lautet: „Gefunden auf
einer andern Papyrusrolle (šf t) in der Zeit des Königs *Men-
ḫpr-Rē̍* [= Thutmosis III.] in der Zeit des Königs *Neb-me̍t-Rē̍*“,
erregt übrigens die Nennung Amenophis' III. einiges Bedenken.
Sie ist entweder als eine Glosse aufzufassen, welche die Angabe,
die Handschrift sei unter Thutmosis III. aufgefunden, berich-
tigen sollte, oder, wahrscheinlicher, die Stelle ist verderbt und
enthielt ursprünglich eine Aussage über die Entstehungs-
zeit der gefundenen Handschrift, aber mit Nennung eines ungleich früheren Namens, als es die des Amenophis III.
und Thutmosis III. sind. Etwas, was auf Tierhaut als
Schreibmaterial hinwiese, lässt sich in den sogenannten

Pyramidentexten, soweit ich zu erkennen vermag, nicht nachweisen.[1]) Es ist also schwer anzugeben, wie weit die spätere Auffassung der Aegypter, welche in diesem Material etwas Archaïsches erblickte, für jene entlegenste Vergangenheit wirklich zutrifft. Ist sie begründet, so würde unstreitig der Zeitraum des zweiten thebaïschen, des sogenannten neuen Reichs diejenige Periode der Geschichte Aegyptens sein, in welcher die Verwendung von Haut zu Handschriften am meisten wieder in Aufnahme gekommen ist.

Nur kurz erwähnt mag werden, dass auch koptische Texte auf Lederrollen vorkommen (Birch, a. a. O. 102; H. Stobart, Egyptian Antiquities Taf. 3—5). und dass ein Teil der Urkunden in Pehlewi, die man in Aegypten findet, auf Schafleder geschrieben ist (Verzeichniss der Handschriften im Preussischen Staate I 3 S. 495; Führer durch die Ausstellung der Papyrus Erzherzog Rainer S. 13 f. 113). Ueber die Frage, welche Gattungen von Tierhaut die Aegypter zu Schreibmaterial zubereitet haben. würden noch besondere Untersuchungen anzustellen sein.

---

[1]) Die Bedeutung mancher Bezeichnungen, die für die Geschichte des Schriftwesens in Betracht kommen, sind gerade in diesen Texten noch unsicher. So hat erst neuerdings (Zeitschr. f. ägypt. Sprache 1894, S. 3) Erman hervorgehoben, dass die Gruppe von Zeichen, welche man zuerst mit „Buch" übertragen hat, diese Bedeutung nicht besitzt. Am deutlichsten ist dies übrigens wol an dem Passus Pepy I 705, wo nur „Abschneiden seines Kopfes, Abschneiden seines Schwanzes, Abschneiden seines Armes, Abschneiden seiner Füsse" übersetzt werden kann, aber von nichts Buchähnlichem trotz des Determinativums die Rede ist.

Göttingen.   Richard Pietschmann.

Der Drucker
des Flugblatts über die Schlacht bei Terouenne.

Ein bis dahin unbekanntes Flugblatt, enthaltend ein Lied
auf die am 16. August 1513 geschlagene Schlacht bei Tourenne
(die Sporenschlacht bei Gninegate), ist auf der Göttinger Universitäts-Bibliothek aufgefunden und von Otto Heinemann im
6. Heft dieser Sammlung S. 74—85 abgedruckt, übersetzt und
erläutert worden. Auf die Frage nach Druckort und Drucker
ist H. auch eingegangen; den Fingerzeig zu ihrer Lösung gibt
die Sprache des Drucks und H.'s Versuch misslang, weil sein
germanistischer Gewährsmann den Dialekt des Drucks verkannt
und den Bibliographen nicht auf die richtige Fährte gebracht hat.

Das Gedicht macht ja auf den ersten Blick einen nieder-
ländischen Eindruck und es enthält Sprachformen, die nur dem
Niederländischen angehören. Aber schon gleich von der ersten
Zeile ab begegnen Formen, die nicht niederländisch sind und
die Vermutung erweckt haben, das Gedicht sei an der Grenze
des Rheinfränkischen entstanden (Heinemann S. 83). Unter
Rheinfränkisch ist jedenfalls der einzige in Frage kommende
Schriftdialekt verstanden: der nördliche mittelfränkische oder
ripuarische oder um ihn kurz nach dem sprachlich-literarischen
Schwerpunkt zu nennen, der Kölnische, und in diesem au-
tochthonen Schriftdialekt sind ja bis zu seiner Verdrängung
durch das Neuhochdeutsche (gegen 1540[1]), soweit meine Samm-
lungen reichen, über 200 verschiedene Druckwerke herausge-
kommen. Einen solchen Misch- oder Grenzdialekt zwischen
Niederländisch und Kölnisch, wie ihn der Text unseres Druckes

[1]) Vgl. Willy Scheel, Jaspar von Gennep und die Entwicklung der neu-
hochdeutschen Schriftsprache in Köln (im Ergänzungsheft 8 der Westdeutschen
Zeitschrift für Geschichte und Kunst, Trier 1893).

aufweist, gibt es aber nicht, es liegt vielmehr hier ein Fall
vor, dessen Analogon in Handschriften überaus häufig ist: der
Dichter gehört dem einen, der Drucker dem andern Sprachgebiet
an und beiderseitige Sprachformen sind mechanisch vermengt.
Ein interessantes Beispiel für das Verhalten des Druckers gegenüber einem Manuskript in nächstverwandtem Dialekt bieten die
beiden Drucke von Wierstraat's Histori des belegs van Nuis,
[Köln, Ther Hoernen 1476] und [Koelhoff] 1497; vgl. Chroniken
Deutscher Städte 20 S. 499 ff [1]).

In unserem Falle kommt noch eins hinzu. Wie schon
Heinemann beobachtete, weichen die drei letzten Strophen in
Reim und Druck von den acht ersten, welche ohnehin in den
letzten Zeilen von Strophe 8 einen runden Abschluss des Sinnes
haben, ab. Die Vermutung Dziatzko's, dem Drucker hätten nur
die ersten acht Strophen vorgelegen und er habe die drei letzten
hinzugefügt, wird zur Gewissheit durch den sprachlichen That-
bestand.

Nur bis Strophe 8 reichen niederländische Wortformen wie
hebben (köln. *hayn*), *neghen* (köln *nuyn*), *hoer* (köln. *ir*), *s* für
romanisches anlautendes scharfes *s*, wo das kölnische *z* hat
(*Fransoysen*: Überschrift und V. 6, 34; *Frantzoysen* V. 75), die
unverschobenen Tenues (*socte*, *roete* usw.), orthographische Eigen-
heiten wie die Zusammenschreibungen *opten* (V. 11), *wasser* (V.
25), *mitten* (V. 30), *inden* (V. 47); ferner *gh* für *g* und die
Buchstabenverbindung *cx* in *francxsche* (V. 18, 21) und *konincx*
(V. 51). Kölnische Sprachformen, mit dem verschobenen *tz* in
betzalen (nl. *betalen*) in V. 1 beginnend, herrschen in den letzten
Strophen ausschliesslich.

Diese Argumente werden zum vollen Beweis verstärkt
durch die Reime: in den ersten acht Strophen sind zwei Reim-
bindungen, die das Niederländische, aber nicht das Kölnische,
in den letzten Strophen ist eine Reimbindung, die das Kölnische

---

[1]) Daselbst S. 496 war das einzige bekannte vollständige Exemplar der
ersten Ausgabe für verschollen gehalten. Ich bin demselben inzwischen auf
die Spur gekommen und darf an dieser den Bibliographen zugänglichen Stelle
mitteilen, dass dasselbe, nach freundlicher mündlicher Angabe von Herrn Dr.
Antonius von der Linde sich jetzt in der Bibliothek des Herzogs von
Arenberg in Brüssel befindet.

und nicht das Niederländische erlaubt. In Strophe 3 reimen
bien (V. 20 = *bieden*) und *lien* (V. 23 = *lieden*, Leute) auf *ge-
sien* und *rlien*; dieser Ausfall des *d* ist nicht kölnisch. In
Strophe 6 verlangen die Reimworte *practike* (V. 45) und *slycke*
(V. 47) die niederländischen Formen *Franckeryke* (V. 41) und
gelike (V. 43) mit *k*; was im Text steht, die Formen mit köl-
nischem verschobenem *ch*: *Franckeryche, geliche*, fällt also dem
Drucker zur Last. — Umgekehrt wird in der letzten Strophe
die kölnische Form *portzen*, mit verschobenem *z* (V. 85; niederl. *por-
ten*), festgelegt durch die Reimbildung mit *fortzen* (aus franz. *force*).

Genau dieselben Typen wie Type II und III unseres
Flugblatts, die eine (II) von holländischem Charakter, fett go-
tisch, die andere (III) kleiner und rundlich stachelich fand
Dziatzko in den von demselben Bucheinband losgelösten Resten
von zwei Doppelblättern eines Evangelienbuchs oder Plenariums.
Auch dieses Fragment hat kölnische, nicht niederländische Sprachformen, und da zu jener Zeit unseres Wissens ausserhalb Kölns
nicht in kölnischer Sprache gedruckt worden ist, so müssen wir
den Ursprung beider Drucke in einer K ö l n e r P r e s s e suchen.

Jetzt finden wir den Drucker mit Leichtigkeit. Die verschiedenen erwähnten Typen, dazu eine vierte, von der das
Flugblatt nur einige Initialen verstreut enthält, ein H (V. 33)
ein M (V. 61) und ein A (V. 67 u. 76), gehören dem H e r -
m a n n B u n g a r t oder Bongart. Diesen „Hermann Bungart
alias Stouvenstein de Ketwich in antiquo foro habitantem in
opposito sancti martini maioris [auf dem Alten Markt gegenüber
der Kirche Gross-St. Martin], quod in teutonico sermone no-
minant Tzo dem wilden manne (in sylvestri viro)“, wie er sich
mit seltener Ausführlichkeit nennt am Schlusse des Druckes:
Ortulus rosarum in valle lacrimarum 1513, 8⁰ (Köln, Stadtbibliothek, GB. IV. 6692), kennen wir als Verfertiger zahlreicher
deutscher Drucke in kölnischer Sprache.[1]) Solcher in Blattform.
grossenteils Ratsverordnungen enthaltend und für Maueran-
schläge bestimmt, zählt E n n e n , Inkunabeln (S. 16—21) 21 auf;
die in Bd. X der Ratsverordnungen (Miscellanbände in 2⁰ des
Kölner Stadtarchivs) eingeklebten habe ich eingesehen, sie sind

---

[1]) [Hiermit vgl. die nur das 15. Jahrhundert betreffende Ausführung von
M. Spirgatis über Herm. Bungart auf S. 30 ff. dieses Heftes. C. Dz.]

in der „holländischen" Type gedruckt. Deutsche Drucke in Buchform, sämmtlich mit Angabe des Druckers oder seiner Wohnung kenne ich 17; davon sind ohne Datum die folgenden: 1) *Van zij* fruchtë *misse zo hoeren* (Quaritch Kat. 260, July 1870 S 1124 No. 530, Sammelband, wieder aufgetaucht bei Rosenthal, Kat. 65. No. 1183; Grässe, Trésor 7, 425; Weller Suppl. 1, No. 57; Fr. Falk, Messauslegungen = Schriften d. Görres-Gesellschaft, 1889 [3] S. 31. 36ff.: Stuttgart, Kgl. Bibl.) — 2) *Dye* historia *ind legende*: *van den hijlgen .iij. Könyngen offerende* (Privatbesitz); — 3) Imitatio (Köln, Stadtbibl. Mk. VI. 32 = Fromm S. 21 No. 32); — 4) *De* patientia *libellus* (Falk a. a. O., in Stuttgart); — 5) *Vunff devote* Psalmen (Quaritch a. a. O., im selben Sammelband); — 6) *Dry* Rosenkrantzs (Weller, Rep. No. 109); — 7) *Wilh.* Tzewers (oder Zewers, latinisirt Textoris, nicht Textor!) *Migrale* (Hartzheim Bibl. Col. S. 108 Panzer Zusätze 97; Scheller Bücherkunde No. 522; Weller Suppl. 1 No. 55; 2 Exemplare Düsseldorf, Landesbibl.; 1 Ex. Köln Stadtbibl.: Alte Drucke No. 389; 1 Ex. Berlin Kgl. Bibl.: Eq 9706).

Datirt sind folgende: 1498: Epistolen, *Euägelien ind lectien mit d' | Glosen ind sermonen. durch dat guntze iaer* (Ennen S. 145 No. 293 [398]. — 1500: *Dederich* Coelde, *Spiegel* (Weller Suppl. I No. 8; Monatsschrift f. rhein.-westf Geschichtsf. 1, 562). — 1503: Tzewers, *Migrale* (Köln, Stadtbibl. GB. IV. 1399). — 1505: Imitatio (Weller 4071). — 1509: Psalter *latyn vñ duytsch | myt der glosen* (Marburg, Univ.-Bibl. XIX b B 269; Berlin, Kgl. Bibl.; Wernigerode, Fürstl. Bibl. Ha 1457; Grässe Trésor 5, S. 482). — 1510: Imitatio (Weller 4071). — 1512: Aurifodina *coeli, Die heimelsche Goltgruyff* (Weller Suppl. 2, 445; Berlin Kgl. Bibl.: Eq 10765; in Stuttgart: Falk, a. a. O). — 1514: Coelde, *Spiegel* (Köln, Stadtbibl. Alte Dr. 60). — 1516: H. Herp, *Ros celestis* (Weller 4080, Rosenthal. Kat. 65 No. 528, jetzt Berlin Kgl. Bibl.: Cs 4700; Köln, Stadtbibl., Alte Dr. 213).

Schliesslich 1517 der Druck, aus welchem die oben erwähnten Fragmente den Bogen r = Bl. lxv — lxviij bilden.

Bl. 1ª: *Epiftolen Euägelien mit der glofen ", der doctoren vnd prophecien ryß der bibell xc. durch | dat jair. Onch dye*

Paffien vns heren feer koeftelich ‖ oeuer gefatzs vyß dem latyn tzo gueden duytzfchen. ‖ Ouch eyn fchoyn vnd'wyfunge des hylgē facramētz. ‖ Darunter Holzschnitt: Christus segnend; darunter ein anderer: die Symbole der vier Evangelisten, auf den Spruchbändern buchstabenähnliche Zeichen, die in Spiegelschrift die Namen der Evangelisten zu bilden scheinen; es ist derselbe Holzschnitt wie in dem Druck gleichen Inhalts von 1498 (s. oben), nur abgenutzt. Links und rechts von dem Holzschnitt Worte. Bl. 1ᵇ: *In der ere gotz* usw.; Bl. 2ᵃ (gez. *ij. sign. aij*) ¶ *Epiftel rñ glo. des eirftē fondachs Aduentz.* — Bl. ccviij aβ Z. 3 v. u.:... 🖙 *gedruckt tzo* ‖ *Coelleñ by Hermannū bōgart.* ‖ *van ketwech. Anno. M. d. xvij.* Rückseite: Holzschnitt: Anbetung der h. drei Könige, darüber: *Epiftolē vnd Euāgelien mit der glofe*; darunter: ✠ *Gedruckt tzo Coellenū [!] vp dem* ‖ *Alden mart. tzo dē Wildēman by Hermannū bōgart.* — 4⁰, 208 gez. Bl. mit 2 Spalten, zu 31 Zeilen der „holländischen", 37 Z. der kleineren Type; Satzhöhe jener 15,1 cm, dieser 15,4 cm, meist beide Typen in derselben Spalte, da die Glosse mit der kleineren gesetzt ist; ausserdem bei Überschriften, z. B. Z. 1 des Titels und Z. 1 und 2 der letzten Seite eine Art Missaltype; zahlreiche Holzschnitte.

Die Zugehörigkeit der Doppelblätter zu diesem Druck von 1517 steht ohne weiteres fest, denn selbst die kleinsten typographischen Einzelheiten, so ein „Spiess" Bl. lxvj bβ, Z. 1 stimmen überein; daran, dass Bungart auch das Flugblatt gedruckt, ist um so weniger zu zweifeln, als er, wie oben erwähnt, dem Rat und anderen Behörden viele Blattdrucke in völlig gleicher Ausstattung geliefert hat. Er wohnte Altenmarkt No. 43, also nur einige Häuser vom Rathause entfernt; von dort wird er wol das Lied, vielleicht auch die Zusatzstrophen erhalten haben.

Zu dem Text desselben nur ein paar kleinere Bemerkungen. Das Zeichen ſ mit Häkchen ist V. 66 und 80 vom Herausgeber richtig als ß gelesen, dagegen V. 15 und 79 in *fer* aufgelöst; auch dort ist es ß, und V. 15 ist, wie ich vermute, zu lesen [S]eß *duyſt* = Sechstausend; V. 79: *rnß herc.* — V. 86 statt *fortzen* lies *foıtzen.*

Den Verwaltungen der Universitätsbibliothek zu Göttingen und der Stadtbibliothek zu Köln sage ich Dank für die Zusendung der zu obiger Untersuchung gebrauchten Drucke.

Kiel. C. Nörrenberg.